I0137746

Temperino rosso
edizioni

Rosolino Fortini

Il soffiare dell'Ora nella nostra vita

Titolo: Il soffiare dell'Ora nella nostra vita
Autore: Rosolino Fortini
Editore: Temperino rosso edizioni
Prima edizione 2014
© 2014 Temperino Rosso Edizioni Fortini

ISBN 978-88-98894-04-8

La vita che va dall'alfa all'omega dura appena uno striscio di fiammifero, tuttavia è in quel baleno che si accende la fiamma di tutto ciò che esiste nei meandri della nostra materia grigia. Questa fiamma, fatta d'abbagliante luce, mostra chiaramente il fluire che il pensiero custodisce di ogni **zac** della nostra vita. La fiamma come la vita è però impossibile da descrivere compiutamente, bisognerebbe forse sezionare il cuore di chi l'ha vissuta per farlo. Il suo unico sapere più che di luce è dunque fatto di ombre che si susseguono, mentre la fiamma stessa sale e svanisce.

Non cercare negli altri
quello che non trovi in te

Mio papà Attilio nasce il 27 novembre 1892 all'ospedale di Genova; è un figlio dell'amore, come si diceva a quei tempi, e per questo sua madre lo abbandona.

Non so come e neanche mio papà non me ne ha mai accennato del perché fu adottato da una famiglia di montanari dei Giovi, tra la Liguria e il Piemonte, mi ricordo che parlava sempre del Monte Soro di Arquata Scrivia, Ronco Scrivia e Isola del Cantone. Sua madre deve averlo certamente saputo che viveva in quei posti, come vedremo più avanti, tuttavia non va mai a trovarlo.

Incomincia così l'avventura della sua vita. Ancora piccolo, tre o quattro anni, viene adibito a pastore di capre, e assieme a questi animali vive. Il suo solo cibo si limita quasi sempre a latte di capra, castagne secche, qualche uova, bacche di bosco ed un po' di pane e formaggio che il suo Barba, la persona che l'ha adottato, gli dà. Dorme nel fienile, che è un porticato all'aria aperta. D'inverno fa una buca nel fieno e ci si ficca dentro, mentre d'estate resta molto tempo, sia di giorno che di notte, con pecore e capre all'addiaccio sotto le stelle. Non conosce altri ragazzi e lo chiamano Artin, con riferimento alla stella Mesartin del segno dell'Ariete. Diventato più grandicello si costruisce un letto più o meno come quello che aveva visto dormire il suo Barba, però sempre sotto il portico del solaio dove si proiettano le ombre delle foglie del fico nelle notti di luna.

Mio papà mi raccontava che in una di queste notti di luna piena, l'ombra di una foglia continuava ad avvicinarsi al suo letto. Lui tutto impaurito cercava di nascondersi il più possibile sotto il materasso di foglie, ma per quanto facesse quell'ombra non si arrestava, allora gli uscì un grido: «Barba, Barba, *c'è ghi im preve*» (... c'è qui un prete). La paura del prete, così mi diceva, era enorme alla sua età, all'incirca nove o dieci anni, perché nelle lunghe serate d'inverno, lunghe da trascorrere, si narravano delle storie piuttosto inquietanti. Si diceva che il diavolo vagasse la notte, vestito da prete con il tricorno in testa, il cappello che portavano allora i sacerdoti. Si può immaginare perciò la foglia, diciamo pure l'ombra della foglia del fico, come un grande cappello da prete che lentamente si spostava sul muro grazie alla rotazione terrestre.

Artin conosceva tutta la fauna di quei monti anche quella migratoria. Amava tanto la natura, e stando assieme a lui lo si capiva facilmente perché per ogni foglia, ogni filo d'erba, ogni fiore, ogni pianta, ogni nido, ogni ruscello, lui aveva una sua storiella da raccontare.

Un giorno mentre pascolava le sue capre si trovò vicino ad un limpido ruscello dove c'erano gamberi, trote ed anche altri animali. Era solito pescare qualche pesce con le mani in quelle pozzanghere che il ruscello aveva lasciato dopo la piena e nelle quali i pesci erano rimasti intrappolati. In una di queste pozzanghere l'acqua era abbastanza profonda così che riuscì a tirare fuori un paio di pesci non troppo grossi. Tuttavia si rese conto che lì dentro c'era ancora un pesce più grosso degli altri che però non riusciva ad afferrare. Allora prese posizione e con tutto lo spirito e la perizia che aveva acquisito immerse le mani concentrandosi sul da farsi. Voleva a tutti i costi prendere quel grosso pesce, e tanto si prodigò, sicuro del fatto suo, che nemmeno lontanamente immaginò quale fosse in realtà la preda che stava cercando d'afferrare: un'enorme biscia nera, come mai ne aveva visto prima, gli si avvinghiò tra mani! Quando si capacitò della preda che aveva acciuffato, non ebbe però timore, difatti era solito cacciare anche delle vipere con un bastone fatto a forcella e un sacchetto di tela dove riporle. Certamente ci voleva un po' di allenamento e dei gesti svelti e precisi per intrappolare quelle bestiole, è così che lui le chiamava. Bisogna poi anche dire che Artin non aveva ancora "conosciuto" né scarpe né calze fino all'età di quattordici anni. Camminava scalzo d'estate, mentre d'inverno usava dei sandali fatti con le foglie delle pannocchie di granoturco, quello piccolo che si poteva coltivare anche ad altitudini elevate. Ritornando alle vipere mio papà mi raccontava che quando riusciva a inforcarle con il bastone a forcella, che si era prodigato di fargli scivolare lentamente sul collo, avveniva un lungo combattimento fatto di movimenti bruschi del corpo e della coda, una vera lotta per la sopravvivenza, ma lui con destrezza e agilità riusciva ad afferrarle saldamente sul collo con il pollice e l'indice appena dietro la forcella del bastone, e in seguito le deponeva nel sacchetto agguantandole per l'estremità della coda. Il momento più pericoloso, mi spiegava, era quando si doveva lasciare la presa e chiudere rapidamente il sacchetto. Io gli chiedevo il perché di questa caccia alle vipere, e lui mi rispondeva che erano molto utili per fare degli unguenti da impiegare proprio quando qualche animale, ma anche qualche cristiano, oppure anche semplicemente umano, fosse stato morso da quelle bestiole. L'unguento consisteva nell'inserire le vipere all'interno di una bottiglia piena di latte, dopodiché veniva chiusa ermeticamente con della cera e il tutto era lasciato macerare all'incirca per sei mesi, meglio ancora se ci rimaneva qualche mese in più. La cera doveva essere ovviamente quella delle api, api selvatiche s'intende, che a quei tempi abbondavano nei fori degli alberi, e questo era per lui e per tutta la gente di quei luoghi un alimento estremamente prezioso.

Quando raggiunse l'età di undici anni il suo Barba gli disse che una signorina era stata da lui e gli aveva chiesto come vivesse quel fanciullo che gli era stato affidato. Non era sua madre, ma forse un'assistente sociale di quei tempi ormai lontani. Il Barba gli disse semplicemente che doveva andare a scuola per imparare a leggere e scrivere, e se non avesse voluto andarci, lui, il Barba, avrebbe avuto delle noie.

Per Artin una nuova vita comincia. A scuola altri suoi coetanei difatti lo attendevano, inoltre rimase subito meravigliato da come fosse diversa la vita lontano dalla sua baita. Le scarpe infatti, a parte per chi calzava gli zoccoli, erano di cuoio, inoltre esistevano borse per mettere i libri, penne e fogli di carta per scrivere. Al mattino doveva incamminarsi presto perché la scuola distava cinque o sei chilometri dal luogo dove abitava, inoltre quando faceva freddo si doveva portare della legna per la stufa.

Il nuovo ambiente comunque gli piacque. Quando poi veniva il giorno della fiera o del mercato, quest'ultimo una volta al mese, era molto contento di assistere allo spettacolo della vendita e della compera di cose e animali. Mi diceva che la fiera più bella era quella di San Giuseppe, infatti in quel giorno oltre ad esservi il consueto mercato, vi erano anche degli arazzi esposti alle finestre, ed i ragazzi costruivano delle trombe con la corteccia dei giovani alberi di castagno. A quelle feste vi erano anche dei forestieri che provenivano da Genova, giungendo tramite la nuova strada che a quel tempo era ancora in costruzione. Non so con certezza quanto tempo sia durata la scuola, credo però poco, infatti sosteneva di non aver imparato molto.

Sua madre Antonia, che abitava a Sarnico, nel frattempo si era sposata con un uomo da cui aveva avuto altri figli. Suo marito Giovanni faceva il sarto in una bottega al piano terra dell'angolo nordest del palazzo della Banca Popolare di Bergamo, e l'appartamento sopra alla bottega era abitato da loro. Si sa che a Sarnico a quel tempo (1906) oltre alla pesca che sfamava molta gente e al Trani per dissetarla (un osteria d'allora), erano fiorenti il commercio e le arti della lavorazione della pietra arenaria. Vicino alla chiesa parrocchiale funzionava un oratorio che la domenica, non tutte, all'aperto del suo parco si mettevano in scena delle recite o delle commedie. Quanto menzionerò di seguito è un fatto molto importante per l'avvenire di mio padre. La nonna, cioè sua madre, una domenica sera si recò ad una di quelle commedie che davano per l'appunto all'oratorio e che aveva come titolo *I miserabili* di Victor Hugo, o forse anche, non mi ricordo molto bene, *I figli di nessuno*. Sua madre Antonia era accompagnata da una signora quella sera, credo fosse una sua amica intima, molto influente in certe faccende, al punto che lei, l'Antonia, le parlò di quel figlio che aveva avuto prima di sposarsi. Quella commedia aveva creato un clima ideale per parlare di ciò. Tutte le persone presenti quella sera si asciugavano gli occhi colmi di lacrime di fronte alla narrazione straziante di quei trovatelli. La Signora fu convincente, e dopo qualche giorno entrambe si misero in viaggio per Genova. All'ospedale di questa città gli indicarono il luogo dove abitava il trovatello, che non era altro che mio padre, e scovatolo se lo portarono a casa. Un altro cambiamento radicale nella vita di Artin sopraggiunge, e nel cercare ora di mettere "nero su bianco" i ricordi, possiamo solo immaginare che impatto avesse potuto avere su di lui.

Mio padre al tempo di queste vicende ha quattordici anni. Accolto nella famiglia l'Antonia gli da il suo cognome e comincia a lavorare come apprendista sarto alle dipendenze del patrigno Giovanni. In famiglia non si trova male, e dopo aver appreso un po' il mestiere va a perfezionarsi presso altre sartorie, prima a Genova e poi a Brescia, vivendo fuori casa per periodi di due o tre mesi e rientrando in famiglia solo qualche giorno. Continua questi spostamenti durante qualche anno ed ogni viaggio, sia di andata che di ritorno, è fatto in bicicletta. Proprio in questo periodo conosce mia madre e se ne innamora; questo evento capita all'improvviso, "a prima vista". Lui allora aveva quindici anni e mia madre tredici. Pure lei, come lui, è "figlia dell'amore", è nata a Brescia nel 1894 e il suo nome è Vinobelli Massimiliana. Anche per lei le sorti della vita sono state piuttosto burrascose. Non ha ancora venti giorni difatti che è adottata dalla famiglia Carminati, soprannominati in paese i Coradei. Il suo padrino fa lo scalpellino e in famiglia in quell'anno vi sono già tre figlie. Inoltre l'anno dopo, nel 1895, nascerà anche Giacomo. Da tutto questo si può dedurre che la bambina è stata adottata per un preciso dovere verso qualcuno, o per una questione di coscienza; comunque della vera identità di mia madre non si saprà mai nulla. Si era parlato di un idillio di una parente dei Carminati con un ufficiale tedesco, ma rimarrà solo un'ipotesi avvalorata per lo più dal suo inconsueto nome: Massimiliana appunto, forse scelto con esplicito riferimento all'imperatore asburgico.

Appena finita la terza elementare si dimostra già molto attiva in casa, probabilmente aveva compreso qualcosa della sua situazione e si sentiva in dovere di farsi voler bene dai suoi tutori. In casa lava, stira e svolge tutte le faccende domestiche. È molto vivace, nonostante sia una donnina minuta, e riesce a farsi assumere ad appena nove anni nella filanda del paese con le mansioni di *scoarina* (scopina). Un lavoro che consisteva nello sfilare il filo dei bossoli dei bachi da seta posti in un pentolino d'acqua bollente. Quel tegame possedeva una spazzola che roteava all'altezza del coperchio con lo scopo di rintracciare il capo del sottile filo che il baco aveva prodotto con la sua sericina, una sorta di secrezione resinosa. Quando si alzava il coperchio, si immergevano le mani per prendere i bossoli bollenti e si passavano alla *filandera* (la filatrice), che in base alla grossezza della bava, ossia del filo sottile che era avvolto sul bossolo, li accoppiava con altre bave per formare un filo di una certa grossezza espresso nella misura dei denari. Se il filo che misurava 9.000 m pesavano 1 gr la sua titolazione corrispondeva ad 1 den, se la stessa matassa pesava 15 gr corrispondeva a 15 den. Questo era un lavoro di molta attenzione perché il filo doveva rimanere di grossezza costante. Quelle *filandere* che invece non riuscivano a mantenere il lavoro quasi perfetto, prendevano il *salame*, che consisteva in una multa più o meno salata rispetto all'errore compiuto.

Mia mamma piccina com'era per arrivare al pentolino doveva mettere uno sgabello sotto i piedi. La sua compagna di lavoro si rese però subito conto che la bambina era dotata, in quanto selezionava abilmente i bossoli in maniera tale che il lavoro procedeva nel migliore dei modi. Doveroso precisare che il lavoro in filanda a quei tempi era molto faticoso e l'orario si protraeva oltre le undici ore giornaliere: dalle cinque del mattino alle undici e trenta, e dalle dodici e trenta alle diciassette e trenta. Il fischio, che dava il segnale d'entrata in filanda, suonava trenta minuti prima dell'orario d'inizio della giornata lavorativa, tuttavia un quarto d'ora prima diverse *filandere* avevano già cominciato il loro lavoro. A quei tempi non vi erano pause per bibite e caffè; in sostanza nell'orario di lavoro si doveva solo produrre e i bisogni corporali dovevano essere posticipati il più possibile. Mia madre però in pochi anni riuscì ad essere apprezzata per le sue capacità, a tal punto che col tempo fu persino promossa direttrice di filanda. In tutto questo tempo, oltre al duro lavoro, ebbe anche il tempo di sbocciare come giovinetta innamorata. Sin dal primo giorno in cui vide l'uomo che poi divenne mio padre, pare che entrambi abbiano avuto un'attrazione reciproca; credo anche per il fatto di sentirsi uniti da una sorte molto simile in quanto entrambi erano figli di NN, come si diceva allora.

A lei piaceva molto la musica ed era un'ottima cantante, tant'è che l'allora nuovo parroco Don Bonassi (a quel tempo ancora giovanissimo, si parla degli anni 1913 - 15), che oltre a suonare il pianoforte era anche un amante della buona musica, si trovava sovente a stazionare nei paraggi dove mia madre abitava con i suoi parenti: Giacomo, Giuseppe (Bepe), Maria Annunziata... Infatti appena fuori dall'edicola egli apriva il giornale, ma non vedeva nulla di ciò che vi era scritto. Il suo scopo era quello di sentire i Carminati cantare. Il suo giudizio era molto positivo sul conto di quei ragazzi, e il suo desiderio d'ingaggiarli per formare un coro parrocchiale, col tempo fu ciò che riuscì a realizzare.

Il guaio più grosso è che a quel tempo un coro in chiesa doveva essere formato da solo uomini, e quello che lui aveva era invece misto. Le forze avverse al coro misto si dimostrarono da subito incalzanti, cosicché cantarono solo una decina di volte prima che dal vescovo giunse l'ordine d'escludere le voci femminili. Il povero prete si rassegnò e disse: «Devo eliminare i cavalli di battaglia», cioè le voci femminili. Mia madre mi raccontava che Don Bonassi qualche volta chiamava lei, la Bepa e la Maria Carminati a cantare canzoni napoletane a casa sua; aveva certamente una grande passione per tutta la musica, non solo per quella religiosa. Una di queste canzoni mia mamma la cantava spesso quando lavava i piatti o rifaceva le camere, era la prima canzone che il reverendo le insegnò. La riporto in seguito come me la ricordo, un po' in napoletano e un po' in italiano:

«St'occhi che tieni belli

lucenti più de stelle

son nire più du nire
son come due sospiri.

Occhi che ragiunate senza parlar
a me dite sì
e statevene un poco
come dico e come voglio».

Oltre alla musica a mia madre piaceva anche ballare; a quei tempi il ballo era però considerato come una sorta di gioco del diavolo. Una domenica, mi raccontò, arrivarono dei parenti del tutore, dei baldi giovani con una carrozza senza cavalli, come si diceva allora dell'automobile. Si fermarono in casa a pranzare poi decisero di far provare l'emozione del motore alle ragazze, non però dopo aver chiesto il permesso al Bigio (il tutore), che era un uomo di poca chiesa ma di sani principi, severo e giusto. Si sa che dopo un pranzo si è più inclini a concedere, anche aiutato da un bicchiere in più, che per la compagnia è scappato giù. Decisero quindi di andare a Villongo, all'Isola, dove esisteva una sala da ballo per fare due salti, e così fu. Non l'avessero mai fatto! Il giorno dopo in paese si scatenò un putiferio di *pot, pot pot...* che pareva la partenza di una gara d'auto verso il Polo. Le donnette si recarono immediatamente dal Signor prevosto a spifferare ciò che nella sua parrocchia era successo, e per giunta in tempo di dottrina che si teneva nelle ore pomeridiane della domenica. Quello le ascoltò per più di mezz'ora senza interferire, soprattutto per il gran gracchiare che facevano, e dopo aver lasciato sfogare gli animi chiese: «Erano in quanti?» Sperando di fare la cosa più gradita al Signor prevosto tutte assieme rimarcarono che erano in parecchi, e inoltre, sapendo che quello non andava mai in chiesa e che ciò avrebbe fatto sobbalzare dallo stupore il religioso, affermarono che c'era anche il Bigio; ma egli saggiamente rispose: «Erano in tanti e in più accompagnati dal Bigio, non possono aver fatto nulla di male». A questa risposta inaspettata con la coda in mezzo alle gambe se ne andarono disperdendosi per i fatti loro.

Sono tempi in cui si vive ancora in un clima da mondo antico. Disgraziatamente però la prima grande guerra è alle porte, e per tutti muterà presto lo spirito e l'entusiasmo. Difatti già si vedono passare per le strade tanti giovani soldati che saranno decimati al fronte. Passano i fanti infangati e taciturni, passa l'artiglieria, uomini dai larghi baffi e dal viso serio, passano i bersaglieri che con le loro piume al vento offrono un attimo di gioia, purtroppo non cantano, e se ne vanno in fretta avvolti dalla polvere sollevata dalle loro biciclette. Tra questi ce n'è uno che però si ferma qualche istante, è il Bepe (Feltri Giuseppe), compagno di canto di mia madre. Ha le lacrime agli occhi, dice che non sarebbe più tornato al suo amato paese, e che ormai i bei tempi son passati.

Purtroppo dopo pochi giorni ha inizio il giro nero del postino. Arrivano i primi telegrammi: «Soldato... caduto sul campo, caporal maggiore... caduto sul campo»; tutti i giorni un'ansia, un martirio anche per chi è lontano dal fronte. Malauguratamente arrivò anche il telegramma del povero Bepe, assieme ad una cartolina su cui erano raffigurati dei fiori di giaggiolo insanguinati. Si venne poi a sapere che chi l'aveva spedita era un suo commilitone. Gliel'aveva presa da sotto la giubba quando spirò sul Carso. Raccontò d'aver visto come cadde. Erano usciti dalle trincee per un assalto alla baionetta, lo scorse portarsi la mano sinistra sulla spalla destra e nel medesimo istante abbassare entrambe le mani sul ventre cadendo. Lui gli fu subito appresso per cercare di soccorrerlo, lo guardò, ma il Bepe non disse nulla; fece solo un cenno con gli occhi come per indicare la giubba, in questi momenti si comprende subito. Poco dopo che fu spirato, guardò nella tasca ormai inzuppata di sangue e ne estrasse la famosa cartolina intestata alla compagna di canto Vinobelli Massimiliana. Su quella vi erano scritte delle frasi di una canzone: «Fior di giaggiolo, gli angeli belli stanno a mille in cielo, ma bello come te ce n'è uno solo, fior di giaggiolo».

Figura 1   Fortini Attilio, XI Brigata Lupi, Forlì 1915

~ II ~

In quel tempo anche mio padre era al fronte, e vi era perché gli avvenimenti glielo avevano fatto scegliere. Difatti, richiamato alla leva, dapprima aveva iniziato a lavorare come sarto tagliatore per l'esercito nella caserma della cavalleria di Brescia, e lì ci sarebbe potuto rimanere, sennonché arrivò l'ordine di dimezzare le forze presenti in caserma per fornire soldati freschi da mandare al fronte, affinché questi potessero avvicendarsi con quelli sfiniti, o peggio ancora, feriti e caduti. Era giusto, ma a lui non toccò la sorte di figurare su quelle liste. Questa toccò a un suo commilitone collega di lavoro, il quale si lamentava e sosteneva che non era corretto lasciare in caserma dei giovani sani per mandar lui, che tra l'altro era anche un po' zoppo, al fronte, e in più era anche sposato e gli era appena nata una figlia. Per questo motivo mio padre si recò al comando offrendosi di sostituire il suo collega. Là gli risposero semplicemente: «Contento tu contenti tutti!» Il giorno dopo in viaggio per Monfalcone assieme ad altri cinquemila fanti vi era anche mio padre.

Nelle trincee la vita era dura; oltre ad uscire per srotolare i reticolati vi erano anche assalti in massa e combattimenti che si limitavano normalmente a un avanti e indietro sull'arco di poche centinaia di metri. I morti e i feriti non si contavano più. Per i morti era finita, ma per i feriti a volte la situazione era tragica. In mezzo a quei reticolati cercare di recuperarli era assai pericoloso; non erano difatti in molti ad avere il coraggio di provarci, in quanto si rischiava facilmente di fare la stessa fine. Tuttavia sentirli lamentare e urlare, specialmente di notte, era uno strazio. Mio padre aveva incontrato dei commilitoni di Sarnico; erano ragazzi con un "cuore grande così", come si suol dire. Mi ricordo solo i cognomi e oggi non son più tra noi da un bel po', nonostante tutti siano tornati illesi dal fronte, se così si può dire. Erano in cinque: Mongodi,

Girelini, Calissi e il Giulio Zucchetti detto Misignù. Quest'ultimo si fermò poco al fronte perché rimase ferito da una spoletta di granata che lo colpì al gomito. Ho detto che avevano un "cuore grande così" perché non riuscivano a fare a meno di andare in mezzo ai reticolati a liberare quei poveretti che gridavano e urlavano di dolore, non essendo in grado di districarsi in mezzo a quei mucchi di filo spinato. Quest'attività si poteva svolgere solo di notte: di giorno si rischiava più facilmente la pelle!

Per qualche giorno furono messi a riposo, poi di nuovo in trincea, questa volta sulle linee di Caporetto dove avvenne il famoso tradimento. Mio padre mi diceva che furono giorni infernali e i poveri soldati cadevano come mosche, forse oggi il concetto non è più in uso, ma significava che la media era di sette - otto morti su dieci. Le batterie italiane sparavano sulle linee italiane, quelle austroungariche pure; e già si può immaginare il morale dei poveri fanti nelle trincee in mezzo al fango con un semplice fucile in mano per difendersi e con granate di tutti i tipi che gli piombavano addosso. Mio padre mi diceva che le più temute si riconoscevano dal sibilo che facevano: ormai si erano specializzati a quella musica. Erano le granate a *sdrapel* che scoppiavano qualche metro sopra le loro teste, scaricando una pioggia di schegge.

Dopo tutto questo inferno che durò parecchio tempo, e diminuiti d'intensità i bombardamenti, i pochi soldati rimasti che riuscivano ancora a camminare incominciarono a uscire dai buchi dove si erano rifugiati per tentare di scendere a valle e mettersi in salvo dalle fanterie nemiche che avanzavano a plotoni, fianco a fianco, come avveniva ancora nelle battaglie dell'Ottocento. Mio padre si era rifugiato vicino ad una casamatta, ossia una specie di fortino in cemento, ove c'era appostata una mitragliatrice italiana. Lui non sapeva che là dentro si trovavano ancora dei soldati, il fatto è che vedendo i tedeschi molto vicini che facevano dei cenni, da dove fossero sbucati nemmeno lui l'aveva capito, la mitraglia iniziò a crepitare ed il plotone che avanzava fu decimato. Tuttavia vi erano altri plotoni che scendevano e non si lasciarono prendere di sorpresa. Si avvicinarono cautamente e con delle bombe a mano fecero tacere quel manipolo di temerari che si erano rintanati nella casamatta. I tedeschi erano dotati di una bomba a mano molto efficace, questa non stava ferma ed era a forma di banana, cosicché continuava a girare facendo scherzi che non piacevano affatto ai nostri fanti, in quanto s'infilava sempre in qualche buco prima di scoppiare. Era per questo assai temibile.

Ritornando a mio padre e ai molti altri fanti al limite delle loro forze per essere passati già in quasi tutte le trincee del fronte: Monfalcone, Carso, Bainsizza e Caporetto, in quest'ultimo luogo assieme a molte altre migliaia di soldati fu fatto prigioniero. La prima cosa che fecero i tedeschi ai prigionieri fu quella di vuotar **loro** lo zaino e prendere tutto ciò che vi era da mettere sotto i denti, inoltre appropriarsi di qualche anello, orologio, catena d'oro a tutti coloro che non erano riusciti a nasconderli da qualche parte. Qualche anello e mediglietta a qualcuno finì persino nello stomaco, in modo tale che in prigionia scambiandolo con qualche pezzo di pane poterono salvarsi la vita.

I campi di prigionia fatti appositamente preparare nei pressi di Lamesdorf nei Carpazi dagli internati russi che erano stati i primi ad arrivare, erano tutti raggruppati in un'unica zona e potevano contenere quasi un milione di prigionieri di tutte le nazionalità allora in guerra contro l'Impero Austroungarico. In mezzo alle baracche sistemate metà fuori e metà sotto il terreno per ripararle dai forti e freddi venti che soffiavano da est, correvano dei binari dove appositi carrelli con sopra delle botti portavano il rancio ai prigionieri dei diversi settori. Vi erano prigionieri russi, come abbiamo visto, ma anche slavi, francesi, romeni, italiani, inglesi ed americani. Questi ultimi erano pochi ma erano i più forniti d'alimenti, mentre i più disagiati erano oltre gli slavi e i russi gli italiani. Bisogna però dire che prima di arrivare al campo mio padre dovette fare un lungo viaggio in un vagone dove erano rinchiusi in quarantacinque, il quale era aperto solo ogni due giorni, e da qui si può ben comprendere quale fosse il caos che regnasse là dentro. Stranamente lui se la cavò senza lasciarci la pelle. Vivere assieme a tanti uomini in così poco spazio e con l'onnipresente scarsità di viveri: portare a casa la pelle, non poteva che essere considerata una grazia ricevuta, ossia un vero e proprio miracolo!

Quei famosi carrelli e le loro botti saranno stati preparati e riempite con tutte le buone intenzioni per sfamare quei poveri uomini, ma purtroppo di viveri là dentro ce n'erano ben pochi. I carrelli difatti passavano, ma le botti erano piene solo d'acqua calda cosparsa da qualche raro pezzo di carota o rapa. Le patate erano poi un sogno da non fare tutti i giorni! Mio papà in questa disgrazia ebbe fortuna, e come dire, non tutto il male vien per nuocere.

Un giorno in cui erano riusciti a evadere la sorveglianza delle guardie tedesche, che erano generalmente uomini piuttosto anziani, si rifugiarono in un bosco; erano gli ultimi giorni d'estate del 1917, e in quel posto per sfamarsi trovarono però solo qualche fungo, nonostante il loro intento fosse d'acchiappare qualche lepre che già qualche fortunato pare fosse riuscito a prendere. Ma anche i funghi potevano andar bene, l'unico problema è che non si dimostrarono eduli, e dopo averli ingeriti incominciarono a sentire strani capogiri, percepire ruote colorate girargli in testa, vomitare, ridere e tutta una bizzarra serie di altri scherzi della natura. Le guardie che accorsero intuirono cosa poteva essere successo, si vede che non era la prima volta che succedeva, e cercarono di correre subito ai ripari. Bontà loro perché qualcuno avrebbe potuto davvero farsi molto male. Difatti cercarono del latte condensato e lo trovarono da un capitano romeno che riceveva diversi pacchi dalla sua fidanzata che apparteneva ad un casato nobile, offrendolo ai poveri intossicati; questi, dopo diversi giorni di lotta con i calzoni in mano sostando sopra il fossato dei bisogni corporali, se la cavarono.

Questo capitano parlava bene la nostra lingua e aveva anche una forte simpatia per gli italiani, cosicché in seguito chiese e ottenne la possibilità di far visita agli scampati. Fu attraverso questo episodio che conoscendo di persona mio padre gli chiese se avrebbe potuto fargli alcune riparazioni al guardaroba. L'uomo in questione doveva essere un personaggio di riguardo perché sebbene avesse già cercato diverse volte di evadere, era comunque ben voluto dalle guardie del campo, alle quali forniva volentieri sigarette, latte, cioccolato... Eh sì, anche le vie della misericordia sono infinite.

Mio padre venne poi a sapere che era un diplomatico dell'ambasciata romena, e proprio per questo era stato in Italia, Austria e Inghilterra, inoltre mi raccontava che era un uomo di carattere forte, di sani principi morali e di una bontà giusta e sorprendente. Possedeva anche una fotografia con il suo nome e dedica, ma chissà dove sarà finita. Dopo la guerra aveva scritto più volte a papà suggerendogli di trasferirsi in Romania, ma si sa che certe cose si capiscono sempre troppo tardi, chissà perché? Forse il suo nome era Paul Petric.

I primi ad andarsene dal campo furono alla fine del 1917 i russi. Nelle loro baracche regnava un gran subbuglio e un malcontento generale, parlavano di rivoluzione, e oggi sappiamo perché.

Venne pure il turno degli italiani, quei pochi fortunati, perché nel campo era scoppiata un'epidemia di tifo petecchiale e nella baracca di mio padre, che conteneva venti uomini, ne uscirono otto e tutti con una grossa pancia. Al primo posto di raccolta li rifocillarono e li curarono alla meno peggio, tuttavia dopo tanto digiuno poteva succedere che il cibo ingerito in fretta gonfiasse in modo anomalo l'intestino al punto di rompersi.

Finalmente in Italia con il suo pancione e magro fino alle ossa fu ricoverato in ospedale nei pressi di Como, ma il suo grande desiderio era di tornare a casa al più presto, e chi gli avrebbe potuto dar torto? Era già l'anno 1919 e in Italia le cose non andavano molto bene. Chissà perché ma questa politica è sempre un disastro! Rossi, Neri, Bianchi, chi vuole lavoro e non lavora, chi non lo vorrebbe e gli tocca lavorare, gli operai mal contenti dei padroni, i padroni mal contenti degli operai. Però è ancora un'epoca da *Piccolo mondo antico*, le acque e l'aria sono ancora pure, l'unico inconveniente è quello di dover raccogliere per le strade "i fichi" d'asino per concimare i fiori nei vasi a ornamento dei balconi. Oggi questo lavoro non si fa più, ma sarebbe auspicabile vedere ancora asini e cavalli con quattro zampe, e non solo asini su due gambe o quattro ruote che affumicano ogni luogo in cui passano con le conseguenze facili da immaginare, e che il mio maestro illustrava assai bene con una frase che aveva l'abitudine di ripetere: «Tutti i nodi vengono al pettine», e chiudo la parentesi lasciando ai posteri la possibilità di constatarlo.

Ritornando ancora a quel pezzetto di mondo antico, è proprio in questa cornice di una natura quasi incontaminata che si ha però in Italia anche un caos politico diffuso. Ciò favorirà la nascita di un partito che segnerà la storia futura: il partito fascista, avente come emblema un fascio di legna con infilata una scure. Non era un emblema nuovo, dato che duemila anni prima era già in uso con il motto "l'unione fa la forza!" Sono gli anni venti del XX secolo, ed è in questo periodo che incomincia a formarsi la mia famiglia con a capo due genitori figli di NN, che significa figli dell'amore, e chi non lo è? Anche se quest'amore non per forza è anche sempre un amore da romanzo, senza dubbio. Tuttavia è proprio nell'anno venti del XX secolo che il seme della mia vita, di chi sta scrivendo appunto, è stato posto a dimora, e diciamo pure: all'ombra del nuovo "fascio". In effetti è proprio così, perché mio padre, e non mi vergogno a dirlo, era fascista, e a modo suo voleva che le cose cambiassero, proprio come lo desiderano oggi tanti giovani. Non aveva risentimenti personali, ma non poteva sopportare che al suo ritorno dal fronte vi fosse della gente che strappava nastrini e medaglie ai poveri soldati che erano appena giunti dagli stenti di trincea o prigionia. Oltre a ciò venivano apostrofati con frasi molto ingrate. Chi non aveva partecipato agli orrori della guerra poteva anche aver ragione, ma chi aveva vissuto in prima persona tutte le sue atrocità, non poteva accettare certi giudizi. Forse in quel tempo fu proprio ciò a condizionare la sua scelta politica. Fu così che si ritrovò ancora una volta vestito da soldato, però questa volta senza giubba, ma con una camicia nera coperta da una corta mantellina (probabilmente scarseggiava la stoffa), e con dei calzoni grigioverdi in tinta con la mantellina stessa; allora i colori di moda non erano molti! Si cantava:

«Non piangere mamma all'adunata

tuo figlio è forte e paura non ha

asciuga il pianto la fidanzata

Si va all'assalto si vince e si muor

Avanti arditi...

Avanti arditi le fiamme nere
sono come i simboli delle bandiere
scavalcan i monti
divorano il piano
pugnal fra i denti
e bombe in mano»

Si cantava così, come nelle canzoni della *Belle époque*, e non si dava molto peso al significato delle parole, e nemmeno a chi per scopi politici le utilizzava.

«Giovinezza primavera di bellezza
e nella vita e nell'asprezza
il tuo canto squilla e va...»

Tutto ciò condusse un'altra volta i giovani uomini a rimettersi una divisa, nonostante avessero appena sofferto per una guerra che forse era stata realmente inutile, come del resto accade per tutte le guerre. Con il sacrificio di vite umane, che non può mai essere paragonato ai danni materiali che una guerra può causare, ogni guerra in fondo non è altro che un massacro tra fratelli il cui risultato è sempre più quello della rovina che del benessere.

Figura 2   Vinobelli Massimiliana (Nini), agosto 1914

~ III ~

Siamo nell'anno 1922 ed io da pochi mesi mi trovo a balia a Foresto Sparso; sfortunatamente a causa di un'infezione al seno mia mamma non può allattarmi. Lei ha deciso di rimettersi a lavorare per far fronte alle spese che anch'io già le stavo procurando. Siccome era stata un'ottima filatrice e nel suo lavoro si era sempre dimostrata capace e appassionata, partita dal nulla era arrivata sin al più alto grado che avrebbe potuto ambire una *filandera*, le venne offerto un posto di direttrice in una filanda del Veneto, precisamente a Marano Vicentino dai signori Villani. Il vecchio padrone era un uomo molto galante e allegro, tanto che a volte si presentava nei corridoi dalle *filandere* con dei bottiglioni di buon vino incitando le ragazze a cantare, ovviamente senza smettere di lavorare. Mia mamma mi raccontò che il giorno del suo arrivo a Vicenza andarono a prenderla con una carrozza trainata da due cavalli bianchi bardati di pennacchi. Oltre al vetturino vi era anche il vecchio padrone, sempre molto entusiasta del gentil sesso. Si sa che le donne non vogliono mai fare brutta figura e mia madre, per l'occasione, aveva esibito tutto il suo fascino femminile, con merletti, ombrellino di pizzo, cappellino con veletta al viso... Non era una gran donna, nel senso di statura, ma raffinata ed elegante quello sì e con un suo proprio *charme*. La portarono subito in filanda affinché si potesse rendere immediatamente conto dell'ambiente di lavoro che l'aspettava, e a suo dire un po' di tremarella l'aveva, ma era comunque una donna piuttosto risoluta ed attenta a non lasciarsi sfuggire nulla.

La prima questione che le fecero fu di ordine tecnico, piuttosto consueta per chi conoscesse quel tipo di lavoro; riguardava il titolo in denari del filo che stavano lavorando in quel momento, e senza pesare o fare la prova con l'apposito aspino che avvolgeva la famosa bava. Era cosa un po' difficile da stabilire a occhio e croce, tuttavia mia madre scrutò attentamente il tipo di bossoli che si stavano lavorando e vide che erano quattro, tre buoni, cioè con bava regolare, ed uno con bava più sottile, i quali avvolti da caldi sull'aspino s'incollavano uno contro l'altro producendo un solo filo dorato, resistente e luccicante. Era un filo di seta grezza e pura dal titolo di 15/16 che lei pronunciò senza esitazione. Fu così che prese alloggio in una stanzetta con cucina e servizi in un piccolo appartamentino sul lato destro della villa patronale, dove esisteva pure un bel parco e una stupenda coltivazione a frutteto.

Così mia madre incominciò il suo lavoro con una buona remunerazione, eravamo nel 1922 e lei guadagnava 400 £ al mese. La metà di questa somma la inviava a mio padre, con lo scopo di farne dei risparmi. Credo siano stati i suoi anni migliori. Con tutti quei soldi era una vera pacchia. «Fin che ce n'è viva il re», ed è per questo che li spendeva tutti: cenette con gli amici, partitine a carte, ecc. Da qui resta poi incastrato con quelli che cantavano:

«All'armi, all'armi, all'armi siam fascisti, terror dei comunisti,

e noi che del fascio siamo i componenti

lotteremo fino alla morte

e picchieremo forte forte

fin che ci resta un po' di sangue in cor...»

Ma "picchiare" non era proprio il suo genere. Beh, quando si arrabbiava non era tanto simpatico, tuttavia era più facile che ti desse camicia, braghe e portafogli. Infatti intonava spesso una canzoncina che rispecchiava molto il suo carattere:

«Lodovico sei dolce come un fico

mi daresti, se lo voglio,

l'orologio e ed il portafoglio.

Lodovico sei proprio un vero amico».

La canzone fu profetica quando salvato un signore dalle acque del lago, pare fosse di Milano, chissà poi come ci fosse finito là dentro, mio padre lo condusse a casa nostra che si trovava a due passi dalla riva. Quel signore possedeva i gemelli d'oro ai polsini della camicia, cosa che permetteva d'immaginare che non avrebbe lesinato eventuali ringraziamenti. Rivestito a nuovo con abiti fatti da mio padre ripartì per la sua dimora. Papà rimise in ordine i vestiti del cosiddetto signore "salvato dalle acque", e avendo trovato un biglietto da visita con relativo indirizzo in una delle tasche, si recò da lui in treno, e come si suol dire in certe occasioni: vai a far del bene a certa gente! Difatti fece ritorno a casa a piedi perché aveva solo i soldi per l'andata. Di questo fatto ne racconterò più avanti.

Figura 3   Rosolino (Lino) a tre anni e mezzo con Flok

Vengo e vedo la luce, si fa per dire perché probabilmente come tutti i nascituri avevo ancora gli occhi chiusi. Tuttavia questa è la data della mia nascita: 30 settembre 1921, e come già accennai sono anche i tempi dei primi vagiti del fascismo. Il primo ricordo della mia vita, ossia la consapevolezza di essere atterrato sull'astronave terra, mi appare a tre anni. Di ciò possiedo l'immagine più chiara che il mio cervello abbia mai registrato fino ad ora. Mi ricordo che ero vestito con un completino stile Pierrot in voga a quei tempi che consisteva in un giubbettino e dei calzoncini del medesimo colore e tessuto, questi ultimi molto corti e chiusi da un elastico al polpaccio proprio all'inizio della gamba. Il colore del completino era rosso chiaro con affissi due pupazzetti e altri disegni d'abbellimento dai vari colori mentre in fondo alle maniche possedeva dei volantini di pizzo.

Tutto ciò lo posso affermare senza alcun dubbio perché il mio riflesso lo scorgevo nitidamente nelle poche vetrine degli sparuti negozi allora presenti al porto. Mi trovavo, e non so come, solo soletto, difatti non ricordo che attorno vi fosse qualcuno. Ero sdraiato sui massi della banchina del lago, ossia sopra quelle grosse pietre d'arenaria che sono ancora presenti a Sarnico dopo il ponte verso i Lazzarini. Stavo cercando con le mani immerse nell'acqua d'acciuffare qualche crisalide di bossolo uscita dallo scarico della filanda. Allora non c'era ancora il lungo lago come lo conosciamo oggi, e appena sopra il fabbricato della villa padronale della filanda, che era ad est della stessa, vi erano i canneti. Ad un certo punto mentre ero intento in quell'attività sentii qualcuno chiamarmi; vidi così mio padre venirmi incontro, e quando fu da me mi prese in braccio delicatamente. Doveva però essere certamente sconvolto in quanto a quell'ora, credo fossero le due o le tre del pomeriggio, non c'era anima viva nei paraggi, e un bambino di tre anni in quella posizione non era di certo nelle condizioni più sicure. Ma probabilmente ciò era dovuto anche all'avvenimento che in quelle ore stava riguardando la mia famiglia, e si può ben pensare che per questo la sorveglianza degli adulti si fosse un po' allentata. Alla fine mio padre mi disse: «Sai che a casa ti hanno portato una sorellina, vieni a vederla». Ricordo che il respiro mi si fermò in gola, e quando riuscii a riprendere fiato ciò avvenne con uno strillo che devono averlo sentito fino al di là del lago, gridavo: «Non la voglio, non la voglio!»

Mio padre cercò di calmarmi, ma credo che per un po' il tentativo fu completamente inutile. Mi portò allora nella bottega di dolciumi del signor Duilio, che aveva una vetrina quadrangolare con i ferri dell'intelaiatura dipinti di verde e che esponeva dei pupazzetti fatti con zucchero soffice dal colore verde, rosso e giallo. Il primo che mi mise in mano lo gettai con violenza a terra. Per risposta mi presi due sculacciate, però riuscii a svincolarmi e fuggii verso la piazza del monumento.

Avendo scorto i piccioni proprio dietro il monumento (anche se adesso mi viene il dubbio: c'era già il monumento allora o era qualcos'altro?) corsi verso di loro, e fu così che distraendomi mi passò la crisi. Mio papà mi condusse allora nel nostro appartamento che si trovava al secondo piano del palazzo della Banca Popolare di Bergamo, che possedeva una finestra della stanza da letto affacciata a nord e quattro a est, una dell'altra camera, due della cucina e un'altra del laboratorio di sartoria di mio padre. Dentro la culla vidi una cosa scura, quasi nera, avvolta come un salame. Non mi ricordo cosa feci da quel momento in poi, so solo che dopo circa un anno eravamo divenuti buoni amici.

Era quello il periodo in cui andavo all'asilo dove avevo le mie compagne e compagni preferiti. Con essi si giocava tutto il giorno e in special modo con la paglia delle casse del signor Gervasoni. Andavo volentieri all'asilo e mi ricordo che appostandoci sotto le scale che portavano dal cortile al salone interno dell'asilo, noi maschietti eravamo molto incuriositi da quanto si poteva scorgere sotto le gonnelline delle bambine.

Io e il mio più caro compagno Silvio Arcangeli ne inventavamo una tutti i giorni. Trovandoci un giorno assieme a due bambine della nostra età nel cortile del palazzo della banca dove erano state svuotate le casse di laterizi imballati con la paglia, le distendemmo sul coperchio di una cassa che si trovava sopra due cavalletti di legno e, spogliatele con il loro consenso della biancheria intima, tutti i buchi che trovammo li riempiemmo di paglia.

La sera di quel giorno però stetti veramente male, difatti come punizione per il misfatto mi rinchiusero nel solaio dove io, per nulla pentito, con un falcetto ricamai per ben benino un mobile che vi era stato depositato. Quando incominciai ad affezionarmi a mia sorella Eliana lei aveva quasi due anni ed io cinque, e fu proprio quando in paese era dilagata un'epidemia di tifo. Nel 1926 vi erano parecchi casi di questa malattia, e mia sorella purtroppo ne rimase colpita.

Figura 4   Attilio, un amico, Lino, Gianna, Eliana, Ninì

La Casa Rossa, Paratico 1925

Il medico condotto di quel tempo era il dottor Bondurri, un uomo calmo che aveva avuto diversi figli, tutti però deceduti. Disse a mio padre che non si trattava di tifo, ma di una semplice influenza e per tale la curò con impiastri di lino sulla pancina e sulla testa, ma era tifo. La cura che le somministrò era opposta a quella che le serviva, perché come seppi dopo piuttosto che degli impacchi caldi sarebbero servite delle applicazioni col ghiaccio. Fu così che all'età di due anni persi la mia prima sorellina e dalla disperazione mio padre avrebbe volentieri ammazzato il dottore!

Il 18 novembre del 1927 nasce anche mio fratello Eliano. È nato piangendo e per i seguenti quattro anni non ha più smesso. Non si sapeva più a che Santo rivolgersi. Poi si scoprì che aveva un ascesso alla tempia, ne fu operato e la cosa si risolse. Con la nascita di Eliano iniziò anche la mia carriera di bambinaio, lo dovevo portare sempre con me e così non avevo più tempo per giocare con i miei compagni.

Il 22 maggio del 1929 nasce infine mia sorella Giulia, che a confronto di mio fratello è un angelo: non l'ho mai sentita piangere. Adesso però ho due fratelli da portarmi appresso, anche se Giulia è molto buona, ha un carattere affettuoso, allegro, e tutti mi dicono: «Ma che bella bambina!» Ero molto orgoglioso di avere una sorellina così!

Il mattino quando non andavo a scuola verso le nove ne prendevo uno in braccio e l'altro per mano e uscivamo da casa. Ricordo che la prima tappa era dalla zia Maria Carminati, che aveva un negozio di generi alimentari. Ci dava qualche caramella e poi via verso i Lazzarini a giocare nei prati. In questo periodo mia mamma si ammalò piuttosto gravemente. Mi resi conto che ero l'unico a dover sbrigare le faccende di casa, difatti non eravamo certamente nelle condizioni di permetterci una domestica. Nonostante in casa dovessi svolgere molte attività, ciò non mi aveva tolto la voglia di sentirmi libero e di andare a giocare con gli altri bambini. Sentire le voci dei miei compagni che schiamazzavano in piazza mi faceva venire i brividi alle ossa, ma purtroppo quel triste periodo durò quasi un anno, dopodiché la mamma migliorò. I miei sacrifici furono però in un certo senso ricompensati, primo dalla sua guarigione, poi dal premio che la scuola mi attribuì: il *Premio della bontà*. Questo consisteva in una somma di venticinque lire, ossia cinque monete da cinque, tutte d'argento! Fu anche grazie a ciò che un po' di serenità tornò in famiglia.

Nell'estate del 1931 in paese imperversava un'epidemia di tosse canina. I nostri genitori per porci al riparo decisero di affittare una casetta in montagna. Ne trovarono una in Pompiano, sotto Boäl. Tante furono le capriole fatte in quei prati che nemmeno si possono immaginare; la sera poi andavamo tutti a vedere il sole tramontare, era una lode alla natura. Un'immensa dolcezza ti assaliva e sembrava di essere alle soglie del paradiso. La soavità del canto degli uccelli, la brezza leggera, il rosso e l'arancione e poi il giallo - rosso sfumato d'azzurro si stagliavano come un immenso smeraldo. Tutti quei riflessi facevano presentire d'essere davvero al cospetto delle porte del paradiso. Piano piano poi scendeva la sera e il sipario calava lasciando senza parole per poter descrivere quell'incanto come si dovrebbe. Nel cielo incominciavano a brillare poi dei piccoli lumi, nonostante fosse ancora azzurro, giallo, giallo e verde, e pian piano a centinaia prendevano forma, poi a migliaia, fino al punto in cui il cielo divenuto scuro si accendeva ormai di miliardi di brillanti. Era a quel punto che a est un'immensa luce bianca iniziava ad annunciare l'aurora lunare, che come un'immensa veste da sposa avvolgeva l'oscurità trapunta di diamanti. Questo spettacolo cosmico oggi è rarissimo che possa manifestarsi. Al suo posto c'è un piccolo schermo su di un mobile contro una parete dove una luce artefatta, smorta, ti illumina il viso, che già appare cadaverico; dove le stesse cose vengono ripetute all'infinito, come ombre di fantasmi che si contorcono su se stessi. Ecco la luce del progresso: fumo bianco e nero prima, ora a colori, ma sempre fumo è, che ti entra negli occhi, nella bocca, ti avvolge tutta la struttura nervosa e ne esce filtrato dai pori della pelle. Quale destino triste il progresso. Solo spari, sangue e catastrofi, ecco com'è la nuova immagine del cosmo!

Ritornando al 1931 nella mia famiglia vi è però un nuovo triste evento. La nostra piccola Giulia, così piena di vita, così allegra, muore. A causa di quella tosse canina è colpita due volte da una broncopolmonite. La prima riesce a superarla, la seconda le sarà fatale. Iddio l'ha voluta e ora è un angioletto che veglia su di noi. Il dolore immenso che soffrimmo è inesprimibile.

Figura 5   Attilio, Eliano, Giulia, Nini, Sarnico 1931

Con questo evento si può dire che anche la mia fanciullezza è svanita, passata, non c'è più. S'incomincia a guardare i più anziani, cercando di capire qualcosa che non si sa bene cosa sia: rivalità, amore, odio... Tutto ciò mischiandosi fa sorgere una parola astratta: la politica. Sui giornali si parla di rivincite, di terre perdute, di odio per certi popoli, di libri, di moschetti, allineati, in marcia: «Vi schiacceremo, seguitemi, la tua fine è segnata, attenti, dietrofront, a tutta forza, alt!»

Nel Trentaquattro l'Europa è come una calza piena di mosche, lo scontento è generale. La Spagna si tinge di rosso e tutti vogliono esserci: *tapum*! russi, tedeschi, italiani, francesi, inglesi, americani, tutti sono in Spagna, chi con materiale umano, per provarne la resistenza, ma l'uomo seppur orgoglioso viene ancora trafitto, chi con nuove armi per concludere nuovi affari. Nel mondo imperversa ancora la grande crisi, il lavoro manca e per chi vuol fare l'eroe è il momento giusto: «A morte i neri, viva i rossi; a morte i bianchi, viva i neri; a morte i rossi, viva i bianchi!»

Sulla Spagna salgono ancora i fumi neri del conflitto che in Italia si comincia a cantare *Facetta nera*. Cinquantaquattro nazioni non ci forniranno più le materie prime se continueremo a cantarla. Sono le sanzioni. Nonostante ciò l'Africa orientale è divenuta una sigla: AOI, ossia Africa Orientale Italiana. Siamo andati con il libro e il moschetto, ma i nostri bravi soldati avevano la vanga senza manico nello zaino; perché si sa, chi semina... Nonostante sapessero che il Tallero era una bella patacca d'argento, non avevano grandi illusioni. Difatti il Negus fuggì con ben ventidue carri della ferrovia pieni di preziosi: ori, diamanti, ecc., ma questo re nero c'è sempre stato simpatico, in fondo non si poteva levargli il pane di bocca! Inoltre in seguito c'è sempre stato amico, infatti quando sono arrivati "gli altri" ha preferito noi. Sono gli anni in cui ci mettono per tre e si fanno i campi dux. La tromba, la sveglia, il rancio, il moschetto, il silenzio: *ta ta ta ta ta ta ta ta ta ta ta ta ta ta taaa-aaaaaaa*! Ma la grande sveglia ci è data nel 1940, e tutti sgraneranno gli occhi. Si muovono i soldati sempre pieni di pidocchi e con i piedi infreddoliti a fare la guardia ai muli, al sale. Sono sempre affamati. Arrivano le calze di lana bianca grezza che la mamma e la fidanzata hanno filato e *tricoté*, ma le scarpe sono sempre buche, la gavetta sempre lucidata a sabbia, le pezze da piedi sempre più slavate, erano bianche all'inizio. Il fucile ha fatto patti con la ruggine, le sei pallottole in dotazione dovevano rimanere sei, altrimenti ti sbattevano a Gaeta in prigione. Noi italiani eravamo dotati di un'arma micidiale: la fame. L'esercito aveva comunque l'onore salvo con i suoi ufficiali sempre "in carne" e tirati a lucido, cosicché le ragazze gli si appiccicavano addosso volentieri. Invece i soldati che dormivano sulla paglia per terra erano sempre a grattarsi per i pidocchi, magri e allucinati e costantemente alla ricerca di cibo. Ha così inizio la marcia dei famosi quaranta milioni di baionette: molte purtroppo sono state sepolte assieme a chi le portava, e si ricomincia: L'Albania, la Grecia, la Francia, l'Inghilterra, la Russia, l'America... Li abbiamo tutti contro! Noi siamo con la Germania, i famosi *crucchi*. Chi ha vissuto dopo la Prima guerra mondiale e si ricorda quando eravamo alleati con loro e poi li abbiamo gabbati combattendo contro, può comprendere quanto c'erano simpatici i tedeschi, e non certo per loro intenzione, ma per la propaganda d'odio che era stata fatta nei loro confronti.

Ora però il nostro capo di governo Mussolini, che pure lui era stato nelle trincee del Carso a combatterli, vi si è alleato; credo che in un certo senso vi fosse stato costretto. Lui difatti per il popolo italiano ambiva a un impero, e per questo era già pronto anche l'imperatore, ossia il tristemente famoso penultimo re d'Italia Vittorio Emanuele III, dato che l'ultimo fu suo figlio Umberto I, non ricordo per quanti e pochi giorni. Ed è così che avviene questo nuovo scontro tra "animali" che non riescono più a ragionare, chi per mania di grandezza chi per propri interessi, ma tutti uniti dalla voglia di azzannarsi. Quello che non si riesce a capire è come possa un uomo uccidere un suo simile consapevolmente, ossia avendo un sistema mentale che gli offre la possibilità di ragionare. Ma la smania di possedere qualche cosa che quasi nemmeno esiste prende probabilmente il sopravvento, e per non perdere il privilegio di mantenere il dominio sugli altri si giunge ad uccidere, ad uccidere la vita, ossia un'insieme di tante cose meravigliose che funzionano con una perfezione talmente indecifrabile, che nemmeno la scienza più elevata è in grado di svelarne i segreti.

Ed è però così che le basi per una nuova catastrofe sono gettate.

La Germania del Reich è preparatissima. Col tempo si era dotata di un esercito ben armato e aveva formato i suoi soldati tramite una disciplina che noi italiani non riuscivamo a comprendere. La nostra indole insofferente era totalmente opposta a quella dei nostri alleati. Noi non avevamo il dono, se così si può dire, dei conquistatori di popoli che per imporsi sugli altri non esitano un istante a intraprendere una guerra totale. Noi in generale eravamo fatti di gente pacifica a cui basta un po' di terra, un posto in fabbrica, una ciotola di latte con una fetta di polenta e un po' di libertà per fare l'amore ed altre cose del genere. Ci accontentavamo insomma. Poi l'Italia non ha mai avuto un popolo di una sola stirpe, ma di più genti. Mussolini diceva che eravamo ariani; chissà, non l'ho mai capita.

Però quello che ho capito è che noi italiani siamo molto diversi da regione a regione, e tra parentesi, ritornando ai tempi in cui ero ragazzo, mi ricordo un fatto che credo la mia mente non cancellerà mai e che può essere un buon esempio per quanto riguarda la diversa mentalità degli italiani.

~ IV ~

A quel tempo ero alla mia prima esperienza scolastica e frequentavo la prima elementare. Avevo appena sei anni e tanta, tanta voglia di giocare e di voler bene ai miei. La mia famiglia era per me qualcosa di veramente meraviglioso. Ero orgoglioso sia di mio padre sia di mia madre, li vedevo felici! Nel frattempo però anche una nuova epoca stava esordendo in sordina: luci elettriche, tram, telefono, radio, automobili, aeroplani. Le persone stavano inconsapevolmente cambiando il loro sistema tradizionale di vita senza troppo accorgersene. La scintilla del progresso era scoccata, ma con esso anche tante nuove conflittualità ed incomprensioni.

Il mio primo maestro di scuola suonava il violino e aveva dei capelli neri molto belli e un viso tipico delle genti del sud. Nessuno dalle nostre parti avrebbe dubitato della sua origine nonostante di preciso non saprei dire il luogo della sua provenienza. Per entrare in un'aula, che non si trovava nell'edificio scolastico bensì in un fabbricato attiguo sul lato ovest della scuola, dovevamo passare per un piccolo cancello. In genere il maestro ci attendeva sotto un tiglio appena dopo quel cancello e nei pressi della porta d'ingresso dell'aula, affinché sotto il suo sguardo vigile tutti potessero prendere posto nei banchi. Dopodiché si avvertiva il suono della campanella e il silenzio regnava in fretta nell'aula. Certo, non era facile ottenere il silenzio totale da una trentina di bambini, ma il nostro maestro aveva un sistema che funzionava a meraviglia. Difatti teneva sempre tra le mani una bacchetta piuttosto robusta che usava con un metodo assai efficace e di frequente. Questo consisteva nel farci aprire le mani con i palmi verso l'alto ben distesi, dopodiché si sentiva un: *patatac*! Era un colpo secco e sicuro tra il palmo e le dita che lasciava il suo segno per tutta la giornata; e ciò poteva essere anche solo l'inizio, perché rincasato dovevi fare attenzione che le tracce dell'accaduto non fossero visibili ai famigliari, altrimenti altre cinghiate, amorevoli certo, ma sempre pure quelle efficaci potevano aggiungersi agli "insegnamenti" scolastici.

Figura 6   Lino VII da sin. in prima fila, Sarnico 1928

Il mio maestro era però molto bravo nell'insegnamento, anche quello senza virgolette s'intende, che praticava con una spiccata attenzione alle dimostrazioni pratiche. Ad esempio veniva a scuola portandosi un'arancia, la sezionava, ci diceva i nomi di tutti gli elementi che la componevano e così faceva con noci, rami di piante, lucertole, rane, ecc. I suoi più grossi problemi il pover'uomo non li aveva a scuola, ma in famiglia. Il più grave per la mentalità meridionale del tempo, la gelosia, nonostante non fosse lui ad essere geloso ma la moglie. Seppur non troppo alta questa era una bella donna dai lineamenti pure lei tipicamente mediterranei. Avevano due bei bambini dai lucidi capelli lunghi e neri che il padre portava con sé a scuola. Uno aveva circa tre anni, l'altro sui cinque.

Un pomeriggio sul finire del mese di maggio, quando tutta la natura pare esplosa in un giubilo d'amore, per il mio maestro è l'ultimo sole. In quel pomeriggio sfavillante e accaldato uscimmo dalla scuola come al solito di corsa alle tre e trenta del pomeriggio, per ultimo lui con i suoi due piccoli che si avviò verso casa. Noi eravamo impegnati e distratti nelle nostre faccende quando sulla strada passò un camion a rimorchio del tipo SPA carico di pietre. Mi ricordo che aveva delle grosse catene per far girare le ruote ed era molto lento, cosa questa che ci permise di rincorrerlo, ma non essendoci più spazio per attaccarci al rimorchio, tentammo di andare a sederci sulla barra che univa la motrice al rimorchio. Il mio amico vi riuscì e si sedette sopra, io invece, che mi erano rimaste in mano le due cartelle la sua e la mia, avevo difficoltà a raggiungere il posto vicino al suo. Gli passai allora le cartelle e sempre di corsa tentai di aggrapparmi al timone del rimorchio. Vi avevo appena appoggiato le mani che queste scivolarono facendomi mancare la presa e cadere sotto il rimorchio. Dio solo sa come ho fatto a scamparla!

Mi trovai per terra con un mucchio di altri ragazzi che avevano inciampato sul mio corpo, perché loro, essendo attaccati dietro, non avevano potuto vedere che ero caduto. Scampato a questo pericolo l'unico che potevo ringraziare era il mio angelo custode.

Non fu invece così per il mio maestro quel pomeriggio. Lui purtroppo cadde per gelosia sotto i colpi di pistola della moglie. Rientrando a casa con i suoi figlioli, la moglie gli si presentò davanti stralunata e strappatogli i figli dalle mani, lo fulminò con tre colpi a bruciapelo. L'uomo cadde a terra, lei gli mise un piede sulla testa, ed esplose altri due colpi.

Povero maestro, Montano si chiamava. A quel tempo si disse che non aveva alcuna colpa e che la moglie era stata informata tendenziosamente da qualche "mala lingua", e così per quella famiglia fu la tragedia. Lui al cimitero e lei in galera, dove trovò la morte solo un paio d'anni dopo, mentre i figli finirono in un orfanotrofio. Sui giornali si riportò che la pistola le era stata fornita da suo fratello, un maresciallo dei carabinieri: incredibile!

La cresima

Questa che ora vado a raccontarvi è una grossa marachella del sottoscritto. Ve la voglio raccontare, seppur in breve, perché è qualcosa che ritengo abbia meritato d'essere vissuta.

A sette anni per avere il benestare del parroco a ricevere la cresima mi trovavo a frequentare il catechismo. Venuto il giorno di ricevere il Sacramento per divenire soldato di Cristo, mia mamma Ninì mi agghindò come un paggetto. Così bardato però mi sentivo privato d'almeno metà di me, quella parte che definirei del mio folletto. I miei genitori mi accompagnarono poi dal Bigi Feltri che assieme a sua sorella Antonia gestiva una panetteria. Feltri era un amico di mio papà e oltre ad andare a caccia assieme avevano un altro legame a me sconosciuto. Vedovo, da ragazzo aveva perso un occhio giocando con la capsula della cartuccia di un fucile da caccia. Fatto sta che lui, che aveva anche una bimba della mia stessa età dal nome Marietì, era stato scelto per farmi da padrino. Fu così che arrivai alla bottega dove mi aspettavano, la quale era di fronte al negozio del Barberì e in fianco all'officina del fondaco dove si aggiustavano fucili, macchine da cucire e si forniva tutto l'occorrente per i cacciatori: polveri da sparo, pallini di piombo, fucili, ecc.

Data la mano alla Marietì ci incamminammo come due angioletti verso la chiesa. Devo riconoscere che quella mattina ero proprio un bravo bambino. Arrivati sul sagrato della chiesa vi erano però una ventina di bancarelle, dolciumi, giocattoli e tanto altro ben di Dio, da offuscarmi con facilità tutti i buoni proposti.

Entrati in chiesa era un trionfo: tutto splende! L'attenzione era poi tutta rivolta ai futuri cresimandi. Sistematici nei banchi, ben parati di pizzi bianchi, dopo averci fatto un sermone sui soldati di Cristo che ci fece sentire tutti come dei nuovi crociati, attendemmo il passare del vescovo tra noi. Questi alla fine ci raggiunse, ci diede un buffetto sulla guancia con due dita e con un batuffolo ci unse la fronte.

Ora eravamo pronti: cavallo e lancia e via a difendere il Santo sepolcro in terre lontane!

La funzione religiosa terminata, giunse finalmente l'ora di poter ammirare le bancarelle sul sagrato, ma attenzione, solo guardare perché incombeva il pranzo a casa del mio padrino. Finito anche questo mi congedarono offrendomi un panettone da portare a casa e in più la Signora Antonia mi mise nel taschino della giacchetta un piccolo cartoncino con la raccomandazione di darlo ai miei genitori. Non so cosa fosse, ma la fretta di vedere la sorpresa era tanta.

Di corsa sono poi uscito dalla forneria, non so nemmeno se ho ringraziato, di certo pensavo solo alla sorpresa che mi aspettava nel taschino. Entrato nel portone del palazzo di casa mia, feci i due piani di corsa, depositai il panettone fuori dall'uscio e rifeci in discesa i due piani di scale scivolando sul corrimano di legno, e in un batter d'occhio mi ritrovai in fondo al portico. Uscii dal grande portone di legno e via di nuovo col vento in faccia di corsa verso la chiesa dove la festa mi attendeva. Le bancarelle facevano bella mostra dei loro torroni, *tirapecio*, pupazzi di pelo, palloni volanti, frutta e castagne secche, quest'ultime sarebbero poi state il motivo religioso, se così si può dire così, della presenza delle bancarelle sul sagrato. Difatti si diceva che la statua del patrono con le sue tre dita alzate in segno di benedizione indicasse che nella sua festa bisognava comprare almeno 3 kg di castagne secche. Che fame!

Sul sagrato della chiesa c'erano anche tanti miei amici di giochi. Vi era Silvio Arcangeli, che poi diverrà dottore per davvero e che aveva "operato" con me quelle famose bambine con la paglia, il Renato Sirimbelli, il Morotti, ecc. Sulle bancarelle oltre al *tirapecio* vi erano anche degli involucri, piccoli pacchettini sorpresa da venti centesimi l'uno. La mia attenzione si rivolse subito a quelli, perché ricordavo molto bene il piccolo pacchettino che la Signora Antonia mi aveva messo nel taschino. Lo presi, lo aprii frettolosamente e mi scivolò in mano una moneta da venti lire d'argento, sulla quale trovai scritto: «Meglio vivere un giorno da leoni che cento da pecora».

Al momento rimasi un po' perplesso, perché mi aspettavo del denaro, ma non certo una moneta da venti lire. Con tutti quei soldi si poteva campare un mese!

Presi la moneta, la osservai bene, e mi resi conto della responsabilità d'aver in mano tanti soldi, ma i pacchetti con scritto «sorpresa, venti centesimi» erano più forti della mia coscienza. Così decisi d'acquistarne uno. Allungando le venti lire al venditore però anche lui rimase sorpreso e mi chiese chi me li avesse dati. «Mio papà per poterli cambiare» gli risposi, e fu così che mi ritrovai nel palmo tre aquilini da cinque lire e *du böi de du*, che erano anche queste monete da due lire con il fascio da una parte e la testa del re dall'altra, ed altre quattro monetine da venti centesimi. Allora feci un proposito: metto via i tre aquilini e spendo gli altri, ma purtroppo non tenne a lungo. Avevo una ventina di ragazzini che mi acclamavano, ed io col mio amico Renato che mi faceva da scudiero correvamo con una scatola delle scarpe piena di caramelle, medaglie, confetti, stringhe di liquirizia e altro ancora. Mentre andavamo dal sagrato al cimitero lanciavamo le cose della scatola in mezzo alla ciurma che ci seguiva. La regola del gioco per ottenere il bottino era *a strépa caëi*. A chi acciuffava qualcosa tutti erano autorizzati a tirargli i capelli fino a che non lo mollasse. I più fortunati per ovvi motivi erano i pelati che potevano sgusciar via senza troppi danni.

Tra grida e lacrime di gioia il crepuscolo però si avvicinava, e nonostante la mia tenera età più imbruniva più mi rendevo conto che la marachella che avevo combinato era grossa. Convocato così il mio scudiero gli chiesi:

—Cos'abbiamo ancora nella scatola?

—Trenta centesimi una ventina di caramelle qualche pezzo di *tirapecio* dello zucchero filato delle medagliette d'alluminio qualche nastro colorato (dei famosi pacchetti a sorpresa) e altre cianfrusaglie, mi rispose.

—Portali a casa tu, gli ordinai, e ci separammo.

Ormai la festa era finita, ma non per me. Quatto quatto scesi dal *Terai* avviandomi verso il porto e passate le scalette arrivai nei pressi delle colonne di pietra dei portici. Lì mi misi in un angolo buio dove regnava una puzza da pisciatoio e spiai il portone del palazzo di casa mia per vedere che movimento ci fosse. Il cuore mi batteva in gola, l'hai fatta grossa e gli amici che ti applaudivano ora dove sono? Pensavo. Ero proprio solo con la mia coscienza.

A quel punto però una mano pesante mi si posò sulla spalla e mi afferrò per il braccio. Era il Vigilio Arcangeli, un altro amico di caccia di mio padre. La sera veniva spesso a casa nostra e mentre assieme sorseggiavano un bicchiere di vino raccontavano le loro avventure e disavventure da cacciatori. «Ti ricordi *so en Böal*?» gli diceva mio padre. Erano in fondo al prato quando il Feltri gridò a mio padre: «*Ada Attilio che cül bianc*». Si era abbassato le *braghe* e gli mostrava il culo. Mio padre allora imbracciò il fucile e *pum*! Sparò un colpo, pensando che a quella distanza i pallini non sarebbero mai potuti arrivare. Ma a quel punto sentì il Feltri urlare. Mio padre un po' spaventato corse allora verso di lui intanto che quello si apprestava a rinfilarsi i calzoni. Giuntogli vicino gli disse: «Guarda qui, se non tenevo in mano i *bortolì*, mi avresti rovinato!» Aveva l'unghia del pollice della mano sinistra che stava diventando scura. Si vede che due o tre pallini di piombo avevano fatto blocco assieme fondendosi, e così erano riusciti a raggiungerlo, nonostante fosse al di fuori della normale portata del fucile. A questo punto allora loro commentavano ridendo: «*Le prope era che la prudensa lè mai ahsé*».

Il Vigilio mi accompagnò a casa e quando vide mio padre gli fece: «*Lo tröat söta i portech*!» Mia madre mi afferrò allora per il braccio e mi chiese: «*En doël öl cincù?*» Io rimasi muto e così decisero di andare dal mio amico Renato che abitava nello stesso palazzo e da lui vennero a sapere tutta la storia.

«Meglio vivere un giorno da leoni che cento da pecora» c'era scritto su quella moneta, ed io devo proprio averlo preso alla lettera! Dopo quattro sculacciate mi sono dovuto bere mezzo bicchiere d'olio di ricino, e via a *nanna*. Domani sarebbe stato un altro giorno e le marachelle nel sacco della fantasia infantile non mancavano mai.

Il cantico dei miei verdi anni
e il pianto della natura che muore

Vedo come da fanciullo il mio lago
da verdi monti circondato

Voli d'anatra si specchiano in limpide acque
sul fondo, azzurri fiori cosparsi
dove il luccio immobile sfoggia i suoi fulminei guizzi
il persico inebriarsi di iridi colori

Le candide ninfee crogiolarsi nel canneto
ai lucenti raggi del caldo sole

Nel mezzodì l'Ora* s'invola
sui pennacchi morbidi del canneto

Le chiatte faticose avanzano verso le ferriere
il barcone espone la rammendata vela al vento
sulla riva il fico si specchia nell'acqua
ed il cavedano abbocca i suoi dolci frutti

Li guardo e li ammiro tutti

---

* Il Vët, vento da est; l'Ora, vento da tramontana.

Ma or le acque son torpide e marce
l'alga impregnata nella melma cinerea e mortale
carica di fumi venefici la brezza
il cipresso rinsecchito dà tanta tristezza

Oh! come sei lontana mia dolce cara
fanciullezza.

Lino 21/12/1983

Gita a Monte Isola

Sotto il ciel di Lombardia
nacque un giorno il nostro amor
con la dolce poesia dei giardini
tutti in fior

In quel giorno pieno di sole
son rinate nel mio cuor
le tue magiche parole
sei tu l'amor

Tu nascondevi il tuo bel viso
dietro un gran fascio di rose
belle come il sorriso

della tua
> *bocca gentil*

Non mi baciar tu dicesti
ti pungerai con le spine
ma poi a me ti stringesti
> *e ti lasciasti baciar*

Mentre la barca ondeggiava
sopra il bel lago d'argento
il mio cuore cullava
> *il nostro sogno d'amor*

Sotto il ciel di Lombardia
alba di un giorno lontano
tanto vicina al mio cuor
sogno divino ed arcano
> *come ti posso scordar?*

Figura 7   Mussinelli Gioconda, 1946 - 47

Gioconda

Mia moglie a dieci - undici anni aveva già dato molto; questo perché si sentiva responsabile della situazione della sua famiglia. C'erano i fratelli del Pierì, suo padre, che avevano preso l'abitudine di andare dove abitava con la sua famiglia alla Rocca con due o tre mucche da far pascolare nella piana, un appezzamento di terra coltivata a prato. La madre della Gioconda, la Maddalena, aveva in affitto quel terreno e poiché aveva una stalla vuota e che per il pascolo non gli davano mai nulla, gli chiese che le dessero almeno una piccola vitella. Ricevuta dopo un po' questa vitella, che col tempo divenne una mucca, per ricavarne qualche lira il suo latte veniva venduto in modo d'aiutare a coprire le diverse spese della famiglia. Questo latte doveva però essere portato in latteria, che si trovava a circa tre chilometri di distanza dalla Rocca. Erano dai dodici ai quindici litri, mattino e sera: e chi faceva queste consegne? La Mari, sua sorella maggiore, no: chissà dove sarebbe finita; c'era però la Gioconda, che a sette - otto anni era già abbastanza robusta per portare *öl brentì*. Questo contenitore da mettere sulle spalle pieno di latte pesava più o meno quindici - venti chili. Tutti i giorni mattino e sera dalla Rocca alla latteria, avanti e indietro, passando dalla contrada dove c'erano le vetrine con tante belle cose da vedere per una bambina della sua età. Lei si soffermava spesso davanti alla pasticceria del Duilio Buelli, dove erano ben in mostra dei pasticcini per tutti i gusti. Tuttavia poteva solo guardarli, sperando e sognando di poterne un giorno mangiarne però fino a scoppiare.

Nel Gennaio del 1929 imperversa un freddo che nessuno rammentava d'aver provato prima d'allora. Nei pressi dell'approdo vi era una scaletta che raggiungeva la riva del lago e che le donne con la loro asse discendevano per poter andare a lavare gli indumenti. Davanti al palazzo della banca dove abitavo in prossimità del lago vi erano due bei castagni d'india. Il freddo li aveva spaccati a metà. Mai si era vista una cosa del genere! Nel bosco di tassodi alle Caslane i canali dell'acqua si erano congelati e lo spessore del ghiaccio raggiungeva una cinquantina di centimetri. La riva oltre al canneto, dove affioravano le radici di quelle piante acquatiche, era per circa due o tre metri pure essa ghiacciata.

Le rive del lago a Sarnico non erano come si vedono oggi, ma degradavano dolcemente. Il porto, con la banchina fatta di pietra arenaria, incominciava dal ponte del *vapur* dietro la filanda. Durante l'inverno presso i canneti de lungolago l'acqua era tutta gelata, ma noi ragazzi di sette - otto anni con i *carosì* brocchettati preferivamo comunque andare a pattinare alle Caslane nei canali che dividevano i filari dei tassodi, ossia quelle piante che avevano tolto la vista del campanile della chiesa di Paratico, cosicché gli abitanti di quel paese hanno dovuto alzarlo; i *parasghéch* sono orgogliosi delle loro cose, non così noi *sarneghéch*. Fatto sta che se non ci fosse stato il Pastro ad impedircelo, che era custode di quel luogo, noi ci saremmo fatti tante di quelle *slesade* sul ghiaccio di quei canali che nemmeno si possono immaginare!

Era un divertimento indescrivibile, poi quando qualcuno *el furäzo* le risate erano incomparabili a qualsiasi altro gioco, persino ai giochi presenti oggi nelle apposite sale pensati apposta per divertire e che si ritrovano ormai diffusi un po' dappertutto.

Si faceva poi un bel fuoco con i rami secchi caduti dalle piante per asciugare i *braghì*, i *calsech* e i *carosì*, quest'ultime erano scarpe che si usavano allora fatte con la tomaia di cuoio e la suola di legno. Suola di legno massiccio e tomaia di cuoio duro per la precisione, così potevano durare qualche anno in più ricambiando quando si fosse consumato solo il legno. Se li cercate da Versace non li troverete: li faceva *el sopelì*, e quando una decina di ragazzi correvano *so le boröle* era come se in quel momento transitasse un battaglione della cavalleria!

Il 14 Gennaio vigilia di S. Mauro alle due del pomeriggio, nella casa dei Braghì in via Cortivo a Sarnico nasce una bambina. Quando il padre che già aveva una femmina di due anni lo seppe, si trovava all'incrocio vicino alla chiesa parrocchiale all'osteria le

Cinque vie, allora gestita da un suo cugino, esclamò: «*Amò öna pisuna*» e si ubriacò.

Per tre giorni non fece ritorno a casa dove era avvenuto il lieto evento. Era nata la Gioconda. L'acqua nel catino come quella del lago era anch'essa ghiacciata e la piccola, dopo una lavata, gridò tanto e tanto da dimenticare persino d'essere nata. Poi dormì dodici ore e al risveglio allattò talmente con appetito da ridormirne altrettante. Tutto questo avvenne come dicevo nella casa del Braghì, gente che possedeva un carretto, un cavallo e viveva principalmente lavorando la terra. Alcuni di loro abitavano al di là dei cavalletti, al posto di quelli oggi è sorta la diga, oltre al ponticello della Guerna a Fosio dove si trovava una cascina che oggi è divenuta un ristorante agrituristico attorniato da serre di fiori. I Braghì erano proprietari di terreni e casa al Cortivo, inoltre sempre a Sarnico possedevano i Rüch, terreni sulle colline del paese. Altri Braghì abitavano alla Madonna, a Nord dell'ex fabbrica Sebina. Era quindi una famiglia che si era già abbastanza diffusa nel territorio del paese.

Prima della nascita della Gioconda era nata la Mari. La mamma si chiamava Vicini Maddalena ed il padre, detto Pierì, Mussinelli Pietro. Quest'ultimo lavorava anche lui la campagna ma d'estate partiva per fare la stagione in Piemonte ed altri posti dove si poteva trovare lavoro. Erano tempi duri, tuttavia la Maddalena aveva portato in dote duecento lire. Per il Pierì fu una vera pacchia, perché rappresentavano tanti bei mezzi litri di vino. Se la Maddalena non si sbriga a comprarsi una macchina da cucire, quei soldi sarebbero stati, come si diceva allora, *pisäch ne l'Öi*.

Nei primi anni Trenta la diga a Fosio non c'era ancora, tuttavia si era già iniziato a parlarne. Per convincere la gente contraria al progetto, fecero dei convegni elencando i benefici che tutti avrebbero avuto da quella costruzione. In primo luogo gli operai che l'avrebbero costruita, perché così facendo avrebbero almeno avuto un lavoro. Un bel giorno la gente trovò affissi sui muri delle case dei manifesti con le tinte del Tricolore che inneggiavano: «Acqua alla Franciacorta e vino a noi Bergamaschi». Alla fine siamo rimasti senza vino e senza acqua.

Poi però iniziarono davvero i lavori e tanti uomini trovarono davvero un posto per guadagnare qualche soldo. La paga per dieci ore di lavoro al giorno era di cinque - sei lire; per avere un confronto il pane al chilo lo si acquistava con sessanta - settanta centesimi. Il Pierì fu anche lui uno di quelli che furono assunti per costruire la diga. Correva l'anno 1934 - 35 e seppur la Gioconda fosse ormai un po' cresciuta, suo papà continuava a rimanere per così dire un po' distratto, ciò anche se in famiglia era ormai nato il tanto desiderato maschio: Alemanno, detto Renzo.

La Maddalena, che era pure lei figlia di contadini, aveva trovato un appezzamento di terra da lavorare per cercare di sfamare i suoi quattro figli, tre femmine ed il famoso maschio. I soldi del lavoro alla diga non arrivavano quasi mai a casa, o comunque pochissimi, i più si fermavano allo spaccio della diga stessa. Finito questo lavoro il nostro Pierì non si fermò però a lavorare la campagna con la moglie, ma si cercò un impiego lontano da casa; tra l'altro era stato anche richiamato alle armi perché correvano i tempi della guerra di Spagna e dell'Africa orientale. Tuttavia venne congedato perché troppo su d'età. È così che partì a lavorare nelle gallerie in Piemonte, dove si prese una brutta polmonite, che trascurata, gli sarà fatale. Lasciò così con esigue risorse la moglie ed i quattro figli, piccoli e da sfamare.

Figura 8   **Mussinelli Piero, 1927**

Il terreno che la Maddalena lavorava era di proprietà della famiglia Boni, mugnai e gente certamente di chiesa, ma gli affari sono sempre di un'altra parrocchia. Difatti quando la stagione era buona, esigevano la metà del raccolto, mentre quando andava male, pretendevano l'affitto. A questo punto la Maddalena non sa più a quale santo rivolgersi. Aveva sì undici fratelli e sorelle, ma da quelle parti il suono delle campane non arrivava mai.

Figura 9   Fam. Vicini, Maddalena è la IV in alto da sinistra, Villongo 1920 - 30

Così per riuscire a sfamare i suoi figlioli cerca di diminuirne il numero. Tocca alla piccola Gioconda che allora aveva dieci o undici anni. La prima esperienza di lavoro per qualche mese la svolge a Cremona, al servizio della famiglia del sorvegliante alla diga, amico del Pierì. In questa famiglia ci sono quattro o cinque ragazze già grandicelle e smaliziate. La Gioconda a confronto, sebbene fosse anche loro gente di campagna, era un *toto*. Queste s'imbellettano, vanno al cinema, lasciano all'occorrenza intravvedere un po' le gambe, e provocano in continuazione un ragazzo che si trovava allora alle dipendenze della famiglia.

Nel sentire la Gioconda parlare il bergamasco, le intimano subito: «*Ti parla no!*» Quando andavano al cinema la frase più ricorrente era: *fighetin del luster brill*. Brill era una crema in scatola per lucidare le scarpe. Ritornata dai suoi, parla spesso in cremonese, ma alla Rocca era inaudito non parlare il bergamasco, e in più nel bel mezzo di qualche frase intercalava il famoso: *fighetin del luster brill*.

Passò il tempo e il bergamasco riebbe il sopravvento, inoltre il papà non c'era più e lei per una seconda avventura è mandata a Bergamo a fare la cameriera da una famiglia di nome Pandini. In questa famiglia oltre al marito ingegnere alla Dalmine e a sua moglie, una bella signora bisognosa di più dottori, vi erano la mamma di lei, grande fumatrice di origini romane, e quattro marmocchi. La Gioconda lavava i piatti dopo aver mangiato qualche pezzo d'avanzo, non che mancasse il pane, ma la fame era sempre in agguato e il primo precetto rimaneva: non buttare niente! Si trovava bene e guadagnava 30 £ al mese. Nel ricevere il salario inforcava la bici e correva subito alla Rocca a portarli a sua madre.

A quei tempi le strade non erano asfaltate e da Bergamo a Sarnico vi erano sempre 27 km. Come oggi, più o meno. In uno di questi viaggi s'imbatté in un gruppo di ragazzi che giocavano a *triplöc* sul bordo della strada. La fermano e le infilano nella maglietta dietro il collo un pugno di lombrichi. Lei è piccola e sola ma sa difendersi, e non risparmia a nessuno dei suoi aggressori una buona dose di calci e pugni. Dopo qualche tempo alla Rocca arriva lo zio Santino con una proposta allettante. Questi era il marito di una delle sorella della Maddalena, che faceva la maestra; lui invece era piuttosto uno scansafatiche. Tuttavia era stato sempre lui che in cambio della servetta procuratagli aveva ottenuto dall'ingegnere Pandini un posto di lavoro alla Dalmine.

La nuova proposta era di mandare la Gioconda in un'altra famiglia a Milano dove avrebbe guadagnato circa il doppio di quello che guadagnava a Bergamo, ossia 60 £ al mese. Lì avrebbe dovuto solo fare compagnia a una bambina della sua età, ma pare in realtà non fosse proprio così. Questa nuova signora di Milano, dalla quale la Gioconda poi si recò, gestiva un negozio di modista nel quale realizzava cappelli e altri articoli per donne. La ragazzina doveva svolgere i lavori di casa: lavare piatti pulire pavimenti ecc.

Si trovò così a fare la domestica, e in più non c'erano ragazzi della sua età come a Bergamo. A peggiorare la situazione c'era poi anche un gatto nero che se ne stava tutto il giorno in casa. Quando faceva le pulizie gli si attaccava al panno della scopa come fosse un diavoletto, inoltre lei non mangiava assieme agli altri, ma da sola in cucina e sempre con il solito gatto nero che la scrutava.

Tutto ciò non le stava proprio bene! Un bel giorno afferrò il gatto e lo gettò dalla finestra, fece il suo fagottino e se ne andò. Ma Milano non era la piccola Bergamo e lei non la conosceva granché, quindi per non perdersi ritornò sui suoi passi. La Signora venuta a conoscenza della cosa la rimproverò:

−Cos'è che non ti va bene insomma? Le chiese.

−E lei: il gatto!

−Perché? Continuò la donna.

−Perché è nero come un diavoletto!

Il risultato è che dopo pochi giorni si ritrovò alla stazione di Bergamo, a piedi s'incamminò per via Garibaldi, dove abitavano i Pandini, aspettò un po' fuori casa, e vide uno dei quattro figli, lo chiamò: « Sandro, Sandro...» E quello a gridare: «Nonna, nonna, c'è qui la Gioconda!»

Entrò e furono i festeggiamenti, dopodiché vide il lavandino pieno di piatti e tegami che da molti giorni attendevano d'essere lavati, sistemò il tutto e si saziò con quello che trovò: bucce di mele, croste di formaggio e quello che nei tanti piatti ammucchiati c'era ancora. Niente aveva scampo al suo appetito. La sera infine si ritrovò con le ossa rotte ma felice d'essere ritornata a Bergamo.

Quando alla Rocca c'era da fare il fieno per la famosa mucca, che divenuta ormai una di famiglia aveva preso il nome di Formenta, la Gioconda si ritagliava, per così dire, un po' di vacanze. Infatti oltre a tagliare l'erba con la falce bisognava lasciarla seccare e poi portarla nell'apposito fienile che si trovava a circa duecento metri, ma il cui percorso era tutto in salita. Quando si arrivava in cima alla scala a pioli per depositare il fieno non si aveva più nemmeno il fiato per spezzare uno stuzzicadenti! Ciononostante bisognava correre in fretta a prendere un altro *masöl*, perché quando si fa il fieno, chissà perché, c'è sempre anche un temporale che incombe, e se si bagna bisogna di nuovo farlo asciugare al sole, con il rischio che possa ammuffire e sia tutto da buttare.

Figura 10   Gioconda e Mari dal basso in II fila da sin. II e III, Villongo 1934

Ma la vita prosegue e le avventure dell'adolescenza stanno per finire. La Gioki ritorna al paesello, anche se viene difficile dire quale esso sia, perché la Rocca appartiene come corpo, come comune, a Sarnico, ma l'anima, ossia la parrocchia, è di Villongo. Poi non si sa bene quanto questa ripartizione potesse corrispondere anche nei fatti, perché fino alla quarta elementare lei aveva frequentato le elementari a Villongo, mentre per la quinta era d'obbligo per tutti andare a Sarnico, che raccoglieva gli alunni dei paesi circostanti. Infatti anche lei quando dovette frequentare la quinta assieme a sua sorella maggiore, questa sempre in cerca di farfalle e spesso tra le nuvole, andò a Sarnico. Entrambe saranno inserite nella medesima classe, la più piccola occuperà un posto al terzo banco, che era già una conquista, mentre la più grande all'ultimo.

La Gioconda nonostante fosse la più piccola si sentiva responsabile anche della sorella maggiore Mari, che era una spilungona ma che in tenera età aveva avuto una brutta esperienza. Sui tre anni difatti era caduta in una pozza d'acqua che si trovava nel campo di granoturco a fianco della casa dei Braghì al Cortivo. Quando la ripescarono già galleggiava apparentemente senza vita. Chissà cosa successe di preciso ma per fortuna dopo averla sballottata un po' riprese a respirare. Tuttavia quella brutta esperienza deve avere avuto degli esiti negativi sulla sua capacità d'apprendimento nei primi anni di vita, ed è anche per questo che la piccola Gioki suppliva ai lavori che la sorella maggiore non era in grado di svolgere.

I contadini, si sa, devono svolgere sempre molte faccende, se in più sono anche mezzadri il lavoro diviene ancor più duro, ed è così che già a sei anni la Gioconda aiutava ad accudire la mucca e a portare il letame dalla stalla al campo, che era sempre in fondo alla ripida. In famiglia come dicevo i fratelli erano quattro, tre femmine ed un maschio, che era un vero Braghì: sempre a spasso! Lui non era incline a fare *el paisà*, quindi era sempre in giro a giocare, ma pure puntuale all'ora dei pasti! Qualche gallina e salame se li è portati via anche di nascosto, magari attribuendo la colpa ad altri e pappandoseli allegramente assieme ai propri amichetti.

I figli crescono e la Gioconda a quattordici anni riesce a farsi assumere alla Sebina, una manifattura di Sarnico che produceva spugne, tessuti per bagno, coperte, copriletti... Sono tempi in cui si parla di crisi e di guerra, infatti dopo una campagna di parole di lì a poco si passerà ai fatti e scoppierà la Seconda guerra mondiale. Le fabbriche lavoravano di notte, mentre fuori succedeva di tutto: telegrammi di soldati dispersi, morti... Il disastro.

Il Re fugge e s'imbarca a Taranto con la metà della flotta Italiana. Chiede l'armistizio, ma noi siamo alleati con i tedeschi, li abbiamo in casa e dovremmo pugnalarli alle spalle. Questi alla fine hanno il sopravvento e occupano una buona parte dell'Italia. I nostri soldati sono allo sbando; coloro che riescono a sfuggire ai campi d'internamento devono nascondersi in continuazione, perché se ti trovano ti fucilano. Dirlo così ora sembra quasi banale, ma il clima di sospetto che si era diffuso allora nel paese non rendeva la vita facile a nessuno.

Non si sapeva mai cosa potesse succederti, e anche solo passare sul sentiero di campagna che portava dalla casa alla fabbrica e viceversa poteva essere pieno d'incognite. Le macchine nelle fabbriche producevano in continuazione e il turno di notte iniziava alle nove di sera e terminava alle tre del mattino. Per andare dalla Sebina alla Rocca la Gioconda doveva fare circa tre chilometri. Quando è buio, è buio pesto. C'è da passare davanti al cimitero ed incamminarsi sul *biasöl* in mezzo al boschetto di castagni, senza vedere nulla. Tu sei una ragazzina di quattordici anni, i repubblichini o i partigiani sono sempre in agguato. A volte incontri dei gruppetti di tre o quattro persone, hanno armi, bastoni, devi passare ma non vedi nulla. Forse mi conoscono, ti chiedi, e quando sei passata mormori a te stessa: mio padre era al mio fianco e mi ha protetta, cosa puoi dire d'altro?

Gioconda continua a lavorare alla Sebina, il tempo passa, e la guerra grazie a Dio finisce.

Bombardamento dell'Abbazia di San Benedetto a Montecassino

Il giorno del bombardamento dell'abbazia io mi trovavo a circa dieci chilometri di distanza nei pressi di una piccola diga. In questa valle ricordo da una parte sulla mia sinistra si stagliavano delle montagne con delle rocce fatte a campanile, e sulla destra c'era una grande costruzione, villa o quant'altro. Mi ricordo inoltre di un monte che chiamavamo Roccio (forse Trocchio) e del paese di Pontecorvo. In questa valle erano collocate diverse batterie della contraerea tedesca che un mattino abbatterono una ventina di aerei *Marauder*. Una decina di piloti americani feriti e bruciacchiati furono poi ritrovati e fatti prigionieri. Diversi cadevano a vite con il paracadute che non riusciva ad aprirsi, precipitando velocemente e girando a pendolo. Ai sopravvissuti i tedeschi offrivano una tazzina di cognac, loro ricambiavano con delle sigarette o un pezzo di cioccolata che sempre avevano nelle ampie tasche disseminate ovunque.

Questa è un'altra parte della mia vita che a grandi linee cercherò d'illustrare più avanti. Se non la trovate vuol dire che non ho ancora avuto il "pallino" di scriverla. In effetti questi scritti non hanno seguito una stretta logica temporale ma li ho, per così dire, riversati su queste pagine quando mi prendeva il semplice desiderio di farlo.

Non mi adagio la sera
senza l'amarezza di un giorno che và

La brezza m'accarezza leggera
questo tramonto mai più tornerà

Se da un'altra alba gradito sarò
un nuovo tramonto accarezzerò

Ma al fin
una nuova alba più non vedrò.

~

Chi adora la mucca e l'agnello
chi il cielo la luna le stelle
chi il sole l'oro ed il sale
chi ha la barba lunga
e chi non ce l'ha

Per chi la croce è una grande viltà
chi l'ha subita è assunto al cielo
chi l'ha fatta, l'ha poi adorata

Io adoro tutto il fastello
e tutto ciò che è amore libero è bello.

Le torri atterrate

Notti d'oriente
Notti misteriose
Notti dolorose

Non v'è popolo
che non abbia
il suo Dio

Non v'è un Dio
senza speranza

Non v'è speranza
senza pace

V'è una pace
uguale per tutti
e il medesimo Dio
che non cambia per nessuno.

Le torri atterrate, Italia 11 settembre 2001

Sono le tre del pomeriggio dell'11 settembre 2001, mia moglie sta stirando della biancheria, solita routine, io accendo il televisore. Subito mi appare un'immagine di distruzione, molto simile a quelle che più volte ho visto nei film. Una delle torri gemelle di New York sta fumando, dai tre quarti in su. Ipotizzo sia un nuovo film: questi americani sempre a produrre immagini di violenza penso. L'audio propone tutto un parlottare che non comprendo, nei fotogrammi appare un susseguirsi di persone che corrono chi da una parte chi dall'altra. Due donne impolverate dalla testa ai piedi sono accovacciate per ripararsi dietro un'auto. Un poliziotto e un pompiere che non sanno cosa fare, si guardano attorno attoniti, senza capire bene cosa sia successo. Questi americani, dico a mia moglie, fanno dei film talmente realistici che nemmeno ci si accorge che stanno recitando. «Che film sarà?» Le chiedo. Mentre passano i minuti un'incertezza però cresce in me. Un tremito mi assale: ma è realtà o finzione? Continuo a chiedermi. Poi vedo delle persone che sventolano i fazzoletti accavallandosi sugli anfratti delle finestre più in alto, e subito dopo un aereo di linea si dirige verso l'altra torre. Un brivido freddo mi scende lungo la schiena, mi rendo conto che quello che sto scorgendo è ben reale, e molto probabilmente anche in diretta.

L'aereo che scorgo prende un'inclinazione di qualche grado e poi scompare dietro il fumo della prima torre. Da un'altra inquadratura si vedrà che l'aereo inclinato colpisce la seconda torre, un po' più in basso della prima, scomparendo in una vampata di fuoco. Un pezzo schizza via dall'altra parte della torre, forse un motore. Mentre questo secondo disastro si compie, la prima torre colpita anch'essa da un aereo sprigiona un denso fumo nero e finisce per afflosciarsi su se stessa, con una densa fumata di polvere grigia che schizza da tutte le parti. Le persone che corrono per allontanarsi sono tutte sbiancate di polvere come fantasmi.

Poi per la seconda torre si ripete quanto accaduto alla prima.

Pensando a tutte le immagini viste quel giorno, quello che più mi è rimasto impresso è stato vedere l'ingresso della prima torre con un solo pompiere che saliva di corsa una lunga scala, mentre tutto attorno a lui era completamente deserto. Ciò mi aveva fatto sorgere il dubbio: ma tutte le persone che dovevano esserci a quell'ora dov'erano finite, erano già in salvo o non si erano ancora rese conto di ciò che stava succedendo? Il resto poi l'abbiamo visto ripetute volte. Alla fine sulle macerie delle due torri hanno installato la bandiera americana, in segno d'unità nazionale e fiducia nelle capacità di rivalsa.

Segue ora una mia riflessione che, ben inteso, non è fatta né per rivendicare nulla né per condannare nessuno, è solo un pensiero; ciascuno è libero di pensare liberamente secondo il proprio ceto sociale, credo politico, concetto di giustizia e libertà. Come dicevo le immagini che si sono succedute al momento in cui io le ho viste non mi sembravano reali, anche se una sorta d'istinto naturale, simile a quello di un animale che è già stato cacciato, e che si porterà quell'esperienza sempre nel sangue e nei geni, com'è di moda dire oggigiorno, mi faceva affermare il contrario. Sentivo qualcosa di più, rispetto a quello che vedevo, e ciò non mi era offerto appena dagli occhi, ma dall'esperienza d'essermi sentito pure io una preda. È stato questo che mi ha fatto comprendere che non era un film. Le emozioni, le paure, il proprio sistema di difesa e di giudizio, non solo sono influenzati dal proprio vissuto, ma a volte è proprio quest'ultimo a permetterci di comprendere la verità.

Passato il primo momento di stupore e di condanna, si è saputo che tutto ciò è avvenuto con finalità terroristiche nell'intento di infliggere un duro colpo al potere economico americano. Per quest'atto molte persone hanno perso la vita, difatti anche tutt'oggi chi non porta con sé un fucile rimane sempre una vittima indifesa, nonostante sia impiegato in un centro di potere. Infatti son passati i tempi in cui chi estraeva prima una pistola aveva ragione sull'altro più pigro o più lento, ma non è questo il punto. Chi ha subito i bombardamenti a tappeto con centinaia di tonnellate di bombe che cadevano da diecimila o più metri al suolo, sa quanto sia devastante tutto ciò su una città piena di persone, perché in qualsiasi posto: nord o sud, est o ovest, sempre persone sono, ossia bambini, donne, vecchi... e non c'è mai potere d'abbattere che possa giustificare il loro sacrificio.

Chi non conosce il terrore che incute il rumore delle bombe che cadono dal cielo, cerchi d'immaginarsi di stare in una stazione nel momento in cui transita senza fermarsi un treno ad alta velocità. Unisca cento di questi treni che passano nel medesimo istante; ecco, questo è il tremendo attimo appena prima della deflagrazione al suolo delle bombe, ossia il breve momento che introduce l'immenso terremoto che ti sta cadendo sulla testa. Ti rovescia la pelle.

Orbene, se il tuo sistema nervoso ha retto, certo non senza danni, e se hai salvato la pelle, allora osservandoti attorno scorgi ciò che i tuoi occhi non sono capaci di guardare, nonostante tu non hai perso la vista e quindi non puoi fare a meno di vedere. Fuoco, macerie, persone grigie che si aggirano cosparse di cenere, sia sui panni che sulla pelle. Non c'è più un palazzo, una casa, una via, tutto è macerie. Intravedi qualche brandello di stoffa insanguinata, pezzi di gambe...

Sotto le macerie di un'intera città, nessuno cerca i sopravvissuti, nessuno immagina che ci possano essere! I primi soccorsi perciò si rivolgono a quelle poche persone che con gli occhi sbarrati vagano barcollanti in cerca di qualcuno o qualcosa che li possa orientare, che gli offra un po' di conforto, e quando lo trovano, e se lo trovano, allora queste persone si abbracciano senza riuscire a piangere. Questa è la guerra subita dalle vittime della guerra. La guerra che loro non possono combattere.

Sono passato per decine di città in Germania durante la guerra, senza riuscire a vedere una dopo l'altra due case ancora in piedi. Ho riflettuto a lungo ma non ho mai trovato un motivo plausibile del perché di tutta questa ferocia. Il potere, la ricchezza, la fede diversa... chi lo sa? Tuttavia non credo esista un argomento che non possa essere messo in discussione tra gli uomini, al quale non si possa trovare una soluzione pacifica. Mi domando: qual è il popolo che meriterebbe d'essere bombardato su questa terra? Chi possiede il potere di decidere quale sia, chi glielo ha permesso?

Possediamo tante persone valide, di tutti i generi: politici, amba-
sciatori, santi... e non siamo capaci d'evitare tutte queste tragedie.
Ma allora siamo proprio stupidi, e ce lo meritiamo tutti d'essere
bombardati!

Vi saluto sto per partire

lascio con rammarico questa terra

perché ho delle persone che amo intensamente

È stato un tragitto che ho dovuto fare

chissà per quale volontà cosmica sconosciuta,

un fato che nessuno sa,

ci sono molte supposizioni

ma di sicuro non v'è nulla

Tante scritture

racconti contrastanti o non comprensibili

o che non vogliono essere compresi.

Mi abbandono nel grembo
oscuro di madre terra
per germogliare
alla luce del creatore.

Invoco te Maria
per il perdono
dei miei peccati

Chiedi venia al figlio tuo
dell'amor che non ho dato

Il pensiero del peccato
che opprime forte il cuor

Prego pure il Padre nostro
che nascosto là nel ciel
con il figlio suo diletto
ha portato in terra amor

Sia lodato il Santo spirito
che alberga nell'animo mio
e voglia un giorno il sommo Dio
avermi tra gli angeli su nel ciel.

Ma perché un giudice qualunque
ci fa togliere il crocifisso dalle scuole?
La nostra cultura lo esige e vede
in quel simbolo la sofferenza per amore

Tutti i gesti, le genuflessioni, gli inchini
non valgono nulla
se nel nostro cuore non sentiamo
l'amore da versare verso le creature
anche con il sacrificio della Croce.

A mia nipote Giulia, 2004

Ti ricordi Giulia
la tua cameretta piena di luce
dove il riflesso del lago
t'abbagliava gli occhi?

Lento lo scorrere delle vele
solcavano i placidi pensieri
mentre i giorni pian piano fuggivano
e sul cuor palpitavan i novelli desider

Tempo che fugge e non s'arresta mai
non v'è catena che lo possa fermare
scorre, fugge, come acque chete
se possiamo vivere, contemplare e amare.

Verona 19 maggio 1951

E noi che siam fatti così
come due gocce d'acqua
cadute dal cielo in un mar
d'amor
Ly e Gyo.

~

Beato l'uomo che sostiene la prova
perché quando sarà stato provato
riceverà la corona della vita.

Figura 11   Gioconda e Lino, fine anni quaranta

20 maggio 2004

Caro Giuseppe ci siamo trovati insieme sessant'anni fa, ti ricordi dove eravamo? A sette - otto chilometri dall'Abbazia di Montecassino, sulla piazzola della mitragliatrice a quattro canne Vierling. Tu eri un soldato tedesco, cioè scusa, *obergefreiter* (caporale), io un piccolo italiano sballottato da un posto all'altro e finito chissà come nella tua batteria München I - 59949.

Per gli italiani la guerra era finita, ma purtroppo per me non fu così.

Era un giorno freddo di fine gennaio e mi trovavo su un camion con altri amici compatrioti. Ricordo che pioveva abbondantemente quando sentimmo il rimbombo tuonante dei cannoni e i colpi secchi delle mitragliatrici. Ci fecero scendere e dopo una decina di minuti di marcia ci ritrovammo nei pressi di una batteria Deutsche Flak da 88 mm. Eravamo molto vicini a una piccola centrale elettrica con un fiumiciattolo che scorreva silenzioso. Qualche chilometro più avanti era un continuo bagliore di fuoco d'artiglieria. Fui affidato a te, che neanche a farlo apposta eri biondo, proprio come si riteneva dovessero essere i tedeschi. Mi ricordo molto bene del tuo giradischi che sostenevi regalatoti da Rosetta, la tua fidanzata romana. Ogni tanto quando vi era calma nel tunnel che avevamo scavato nella sabbia per riposarci al riparo delle cannonate, tu mettevi l'unico disco che avevi di Rascel, e veniva intonata una deliziosa canzoncina:

«Io con te

tu con me

sul calesse che sobbalza per la strada andiam

trotta e va

corri cavallin

mentre noi ci stiam vicin

corri e va

verso la felicità!»

Quella prima notte mentre verso l'Abbazia i cannoni scambia-
vano colpi rapidi senza un attimo di tregua, incitati da un *unteroffizier* (sergente) armato di *pistol machine* uscimmo dal riparo per
montare su un nuovo camion coperto da un telone. La notte buia
era illuminata quasi a giorno dalle continue esplosioni delle armi
pesanti, chissà dove ci avrebbero portato di nuovo? Noi eravamo
una mezza dozzina d'italiani che la Repubblica di Salò aveva con-
segnato all'esercito tedesco. Senza armi, quando dovevamo andare a fare qualche cosa, eravamo sempre accompagnati dai militari
tedeschi, proprio come fossimo loro prigionieri.

Figura 12   Lino tra commilitoni, Firenze 1944

Quella notte ci portarono in un deposito dove caricammo il camion con delle ceste che contenevano due otre di granate da 88 mm. Quasi all'alba e finito di stipare le munizioni tornammo al punto di partenza dove si trovava la batteria antiaerea. Noi la sera prima non avevamo capito dove eravamo finiti. Nessuno ci diceva mai nulla. Sapevamo che eravamo partiti da Firenze ma nient'altro. Tutta la giornata era stata densa di nebbia e piovosa come "dio comanda". Quello che avevamo capito è che eravamo stati assegnati a una batteria dove vi erano quattro cannoni da 88 mm e due Vierling da 20 mm. Arrivata l'alba ci affidarono chi ai cannoni chi alle mitragliere, e in fretta e furia ci spiegarono quello che dovevamo fare. Per fortuna avevamo un giovanissimo interprete tedesco che sapeva la storia d'Italia e di Roma meglio di noi italiani. La sera sistemammo un pagliericcio nel rifugio, anche se non so se fosse stato meglio star lì dentro piuttosto che fuori all'aria aperta. Infatti il rifugio era scavato nella sabbia e possedeva pochi puntelli, se fosse caduta una granata saremmo rimasti tutti e quanti sepolti! Tra tedeschi e italiani là dentro eravamo una decina di persone.

Quando suonavano i campanelli, simili a quelli che si sentono nelle stazioni ferroviarie, vi era sempre un corri - corri generale. Appena fuori dal rifugio un camminamento profondo circa un metro conduceva ai pezzi. Il mio compito era di prendere il caricatore vuoto dalla mitragliera e inserirne uno pieno. Questo era abbastanza pesante e in un batter d'occhio si svuotava. Un giorno stavo guardando nella direzione delle canne della mitragliera quando intravidi una sorta di pescecane che mi puntava addosso. Istintivamente mi abbassai e in quell'istante un corpo duro mi fu premuto contro la tempia. Era la famosa Luger dell'ufficiale. Questi mi fece capire che se mi abbassavo ancora un'altra volta senza mettere il serbatoio pieno dove si trovava quello vuoto, mi avrebbe freddato.

Non avevo mai visto nulla del genere; mi accorsi solo poi che era una sorta di consuetudine per gli americani dipingere i loro aerei da caccia con animali paurosi, sgargianti di colori e dai denti bianchissimi, quali draghi e pescicani per lo più.

Giungendo a bassa quota sfiorando le cime degli alberi, una cinquantina di questi aerei ci mitragliò. Noi per fortuna riportammo solo la fusione di un raggio del volantino che serviva a manovrare la mitragliatrice: un danno irrilevante. I nostri cannoni non erano entrati in azione perché l'attacco era stato così rapido che non ne avevamo nemmeno avuto il tempo. Con attacchi di quel genere l'artiglieria pesante era inefficace, tuttavia avevamo avuto solo qualche ferito, raggiunto da qualche scheggia di granata vagante, mentre i caccia avevano invece avuto un paio di perdite. Il giorno dopo difatti ci portarono due mezze eliche un po' contorte con le punte verniciate di giallo. I tedeschi le issarono a mo' di trofeo fuori dalle piazzole oltre il piccolo promontorio dove c'erano le batterie, in modo che gli americani non le vedessero. Alla mitragliera furono aggiunte due tacche, quando sul volantino colpito ce n'erano già più di una ventina. Su questa in posizione di tiro era seduto *l'obergefreiter* Giuseppe, quello del grammofono. Era un buon ragazzo sui vent'anni e aveva una paura matta dei partigiani, ci diceva sempre: «Tu partisan?» Noi alzavamo le spalle e lui rideva, sapeva che non era per nostra volontà che ci trovavamo in quella situazione.

Nell'insieme d'italiani in quel posto eravamo mezza dozzina bresciani, due romani: Aldo ed Erasmo, e mi pare altri due sardi che si trovavano ai cannoni perché più robusti, mentre io e Monterisi eravamo alla mitragliatrice. Quest'ultimo veniva dall'Egeo, precisamente da Rodi, e pensava sempre a un'olandesina che aveva conosciuto prima d'essere involontariamente arruolato pure lui nell'esercito della Repubblica di Salò.

La vita a quei tempi non era facile per nulla perché se eri richiamato alle armi, e tu non andavi, se ti pescavano eri considerato un disertore e potevano fucilarti. Al tempo era stato emesso un bando che le classi dal 1915 al 1925 dovevano tutte presentarsi alle rispettive caserme. Cercare di nascondersi: ma dove? Alla fine del 1943 si parlava certo di partigiani, ma dov'erano?

Io e mio padre eravamo andati in montagna alla ricerca di qualche partigiano, ma quelli che riuscimmo a scorgere, oltre ad essere molto pochi, scappavano in fretta a nascondersi. Inoltre a que-

gli uomini serviva qualcuno per ospitarli, e non c'era molta gente
che allora fosse disponibile a farlo. Fino a che un mattino verso le
dieci da mio padre in bottega arrivano due carabinieri, un maresciallo e un appuntato, e gli dicono: «Lei è il padre di Fortini Rosolino?» Lui risponde: «Sì». «Senta, continuano senza tante parole,
domani mattina o suo figlio si presenta al distretto militare di
Treviglio o dopodomani sarà lei che dovrà venire in caserma». Il
giorno dopo mi trovavo a Treviglio dove solo alcune "mezze car-
tucce" d'ufficiali e sergenti italiani sembravano avere una qualche
funzione di comando, per il resto tutto era nelle mani d'ufficiali e
soldati tedeschi.

Ci sistemarono in una caserma per tre o quattro giorni, poi un
mattino arrivarono dei camion tedeschi coperti con teloni e in
una ventina per veicolo ci "caricano su". Dicevano che ci avrebbero portato a difendere le nostre città, difatti finimmo a San Massimo sui colli di Verona dove erano appostate delle batterie d'artiglieria antiaerea composte da quattro cannoni da 88 mm.

Non c'era modo di scappare perché eravamo sempre accompagnati dai soldati tedeschi armati di *pistol machine*. Sistemati in un
casolare io e un'altra decina d'italiani dovevamo aiutare ai pezzi
d'artiglieria i soldati tedeschi. Il giorno seguente ci spiegarono nei
particolari quale fosse il nostro compito. Seduti sugli sgabelli dei
cannoni roteando una manovella dovevamo seguire una lancetta
che all'interno di un cruscotto continuava a muoversi, era il segnale che la centrale di tiro inviava al cannone per indicare il pun-
tamento dell'arma. Infatti la seconda notte che eravamo in questa
batteria suonò l'allarme: tutti ai cannoni, tutti ai loro posti! I pezzi
d'artiglieria erano così numerati: C1, C2, C3, C4... CA1, CA2, ecc. Il
ronzio degli aerei era nell'aria. Dopo che verso mezzanotte la sirena d'allarme terminò, mi trovavo al buio più completo seduto al
canone CA1 a girare la famosa manovella cercando di seguire
l'indicazione data dallo strumento. Un po' per inesperienza e un
po' per paura, a dire il vero non è che capissi molto quello che
stavo facendo. A un certo punto sentii di nuovo il suono dei campanelli e poi un *clac, tac, pac* di ferraglia varia, e alla fine un frago-
roso *pum*! Era la deflagrazione di un colpo del mio cannone. Non

so bene come abbia fatto a rimanere sullo sgabello, ma mi resi conto che ero ancora lì. Poi di nuovo *clac, tac, pac,* e via con i *pum, pum, pum* che si susseguivano. A un certo punto era solo quello che sentivo. Ci avevano raccomandato di tenere la bocca aperta durante le deflagrazioni, ma sinceramente a quel punto ero talmente frastornato che non capivo più nulla di nulla.

Una squadra di Lancaster era venuta a bombardare lo snodo ferroviario di Verona. Abbiamo poi sentito dire che oltre a due bombardieri americani abbattuti vi era anche un aereo da caccia Buffalo che era finito col muso dentro una finestra della stazione; queste erano le notizie che riguardo a quella notte ci erano giunte.

Da Verona poi i soliti camion assieme ai loro "angeli custodi" ci prelevarono di nuovo. Non mi sembrava vero. Qualcuno potrebbe dire: «Potevate fuggire», invece non vi era proprio scampo; o facevi quello che ti dicevano o eri morto. In cuore però avevamo una speranza: chissà che succeda qualche cosa d'imprevisto che modifichi la situazione, ma purtroppo non fu così. Dovevamo subire questo sopruso, nonostante non avessimo nulla da rimproverarci. Questa prepotenza la subirono in maggior parte i giovani del 1925, che erano anche gli ultimi a essere stati richiamati alla leva. Delle fughe ci sono comunque state, in particolare un ufficiale italiano e due ufficiali tedeschi. La sentenza era però scontata: diserzione, e ciò voleva dire essere fucilato in qualche campo sportivo con la presenza forzata, per dare l'esempio, di una ventina di ragazzi chiamati soldati della Repubblica di Salò. Dico di questa repubblica soldati nonostante fossero solo prigionieri dei tedeschi, perché come me erano stati reclutati forzatamente solo dopo il bando di fine 43. Era dura perché allora da Roma in su l'Italia era completamente occupata dai tedeschi.

Il fronte degli alleati era fermo nei pressi di Montecassino, e dove il territorio non era sotto il controllo di quelli, i tedeschi facevano quello che volevano. I pochi ufficiali italiani non avevano più nessun comando centrale e gli ordini erano impartiti direttamente dai graduati tedeschi. Noi eravamo nella morsa di quel giogo e in balia di quegli ordini.

Figura 13   Lino e Giovanni Monterisi, Firenze 1944

Partiti da Verona ci hanno perciò "scaricati" a Firenze. Qui ci hanno dato una divisa che corrispondeva a quella dell'artiglieria contraerea italiana, e dopo due notti in quella città, con i soliti camion, ci hanno portato a Ceprano. Lì ci hanno smistato in batterie antiaeree e per quasi quattro mesi siamo rimasti sul fronte di Montecassino.

Il fronte era "rumoroso", ma fermo. A maggio incominciò però un cannoneggiamento con granate che arrivavano da ogni dove, un bombardamento a tappeto. Era iniziata l'offensiva alleata. La batteria di cui facevo parte fu colpita più volte. Oltre l'*unteroffizier*, il comandante, il cuoco e due della centrale di tiro, altri sette soldati tedeschi furono colpiti. Anche il radar della centrale fu distrutto. Tra gli italiani, distribuiti in sei o sette per batteria, fino a quel giorno non ci furono vittime.

In quella valle erano appostate otto batterie con cannoni da 88 mm. e diverse mitragliere Vierling a quattro canne. I cannoni e le mitragliere che erano rimaste intatte vennero fatte saltare. Si caricarono i camion che non avevano subito danni con le munizioni leggere, gli zaini e qualche apparecchio della centrale che ancora poteva servire: goniometri, cannocchiali, ecc. Sopra questo materiale furono distesi i corpi dei soldati morti, ed al gancio dietro un camion si attaccò un carrello della mitragliatrice. C'erano tre tedeschi armati di *pistol machine* e due italiani con quel mezzo, tra quest'ultimi colui che sta scrivendo, che riuscirono a portare il tutto sulla strada.

Dato che il camion era sovraccarico e doveva trainare anche il carrello, i cadaveri che erano sopra tutto il materiale continuavano a scivolare all'indietro. Per tenerli un tedesco ci ha allora costretti a salire sulla traversa del carrello collegato al gancio del camion. All'improvviso però una gragnola di colpi è scoppiata davanti al camion, questi ha avuto un sobbalzo e il gancio si è rotto. Io ed il mio amico Solzi Paolo di Brescia siamo perciò rimasti sepolti sotto i cadaveri. Riusciti a liberaci siamo infine scappati verso i margini della strada. A questo punto mi sono inoltrato sotto la vite e dopo aver camminato per un po' ho scorto un contadino che mi faceva cenno di andare da lui. Vestito con l'abito da lavoro di canapa color nocciola dell'artiglieria decisi di fermarmi. Vicino a casa sua in una cantina aveva del vino e mi disse: «Vieni che ce lo beviamo tutto prima che finiscano per distruggere ogni cosa». Hai voglia pensai, erano due botti piene dal diametro di un metro e cinquanta. Abbiamo comunque bevuto abbondantemente e chiacchierato per un paio d'ore, poi però le cannonate iniziarono ad arrivare con più frequenza, e prevedendo che ben presto a- vrebbero preso di mira la casa, tagliai la corda. Mi misi a correre sotto i filari della vite ma dopo aver fatto un bel po' di strada, non ce la facevo più. Ero mezzo ubriaco e così il primo fosso che ho in- contrato mi ci sono buttato dentro. Sopra arroccato sulla monta- gna vi era un paesetto piuttosto compatto, era composto da un gruppetto di case, non so come si chiamasse, forse Roccasecca. Quello che so invece è che quando mi sono risvegliato non c'era più! Invece sulla piccola strada che seguiva il fossato intravidi una colonna di persone tutte bianche che correvano con dei fagotti in mano che parevano tutti appena usciti da un sacco di calce. Sul momento pensai che fossero dei fantasmi usciti dalle viscere della terra per correre verso la barca di Caronte, perché in quello stato solo quella avrebbe potuto accoglierli!

15 febbraio 1944: distruzione dell'abbazia di Montecassino

Inizio verso le ore 9.30

Aerei americani Marauder ed altri
a svuotare i loro ventri
gonfi di bombe

Fine verso le 14.00

A fine maggio è la catastrofe per la XIV Armata tedesca, che deve ritirarsi dopo un massiccio bombardamento durato circa una settimana. Appartenente a quest'armata allo sbando la mia Batteria 59949 München è annientata a San Giovanni Incarico.

L'agonia che ci riporta alla vita

Accetta o Cristo questa agonia
che subisci per la vita
di tutte le creature del Padre

Lo stai pregando perché passi
questo amaro calice del male

Dal buio risorga la luce del bene
mentre osserviamo la tua infinita sofferenza
possiamo nel cor sentire
quanto bene possiamo fare.

N.B. La verità è nuda
come il crocefisso dipinto da mio figlio Attilio

L'appartenenza non è
una scodella di minestra regalata
l'appartenenza è dentro te.

Noi inventiamo le religioni
per unirci e capire
non per distruggerci

Dio lo trovi ovunque
tu fai del bene a chi
ha bisogno di te

Sono un artista
scrittore sognatore
ho una bocca
che purtroppo devo alimentare
un corpo per camminare
un paio d'occhi per vedere
le cose belle perché son belle
quelle brutte perché son brutte
devo vivere perché mi lasciano vivere
mi potresti crocifiggere
così non potrò più protestare
ma se devo vivere
devo purtroppo mangiare
riposare e dormire
per questo devo avere
un ricovero in questo alveare.

L'inizio della fine uno

Tutto successe con la crisi del 1929, anno di un inverno micidiale, come ho già ricordato. Certi alberi si erano persino spaccati col gelo. Oggi che ho 90 anni compiuti non mi è più capitato vedere cose del genere. In quel tempo al governo c'era già Mussolini, e una forte disoccupazione dilagava nel paese: come risolverla? Si va in Africa!

Ma il contenzioso è sempre quello, c'è sempre chi è troppo ricco e chi è troppo povero. Capitalismo, comunismo, burocrazia, imperialismo ecc. a loro modo tentano sempre di schierasi chi da una parte chi dall'altra, ma i problemi raramente si risolvono. Per l'intervento in Africa ci verranno perciò applicate le sanzioni. Cinquantaquattro stati decideranno di non avere più scambi commerciali con l'Italia, il solo stato ad astenersi da questa decisione sarà la Germania. Nasce così l'Asse Roma - Berlino, che poi più avanti diverrà il Triangolo Roma - Tokyo - Berlino. Per far fronte a questo isolamento s'inizia a parlare d'autarchia, che vuol semplicemente dire: arrangiarsi con i propri mezzi. Si lancia la battaglia del grano, si producono tessuti fatti di nuove fibre sintetiche, si chiede «l'oro alla patria», finito però in altre tasche... Povera Italia!

L'inizio della fine due

Noi che abbiamo passato una guerra totale, deportazione, resistenza, opposizione all'occupazione, fucilazioni, guerriglia... tra gli anni settanta e novanta un altro flagello che non ci saremmo mai sognati di dover subire, sopratutto dalle nostre parti. Sono anni maledetti, la chiamano droga. Questa parola era a noi quasi sconosciuta; si era sentito che con un po' di polvere si poteva conquistare qualche ragazza, ma era cosa da ricchi. Fu un grave errore, perché quello che ha causato la diffusione della droga è stata una strage di ragazzi completamente ignari di ciò che avrebbero dovuto subire.

Io ho due figli, Grazia nata nel 1952 e cresciuta dandoci la gioia di vivere. Quando ha sei anni emigriamo in Brasile, "nonno" Artin non ce l'ha mai perdonato, non l'ha più rivista. In Brasile nel 1961ci nasce anche un figlio, e prende il nome di mio padre Attilio, venuto meno da poco. A Rio de Janeiro sono quasi sempre occupato dal lavoro in fabbrica.

Figura 14   Attilio, Nini, Lino, Grazia (Chicchi), Gioconda, Paratico 1958-59

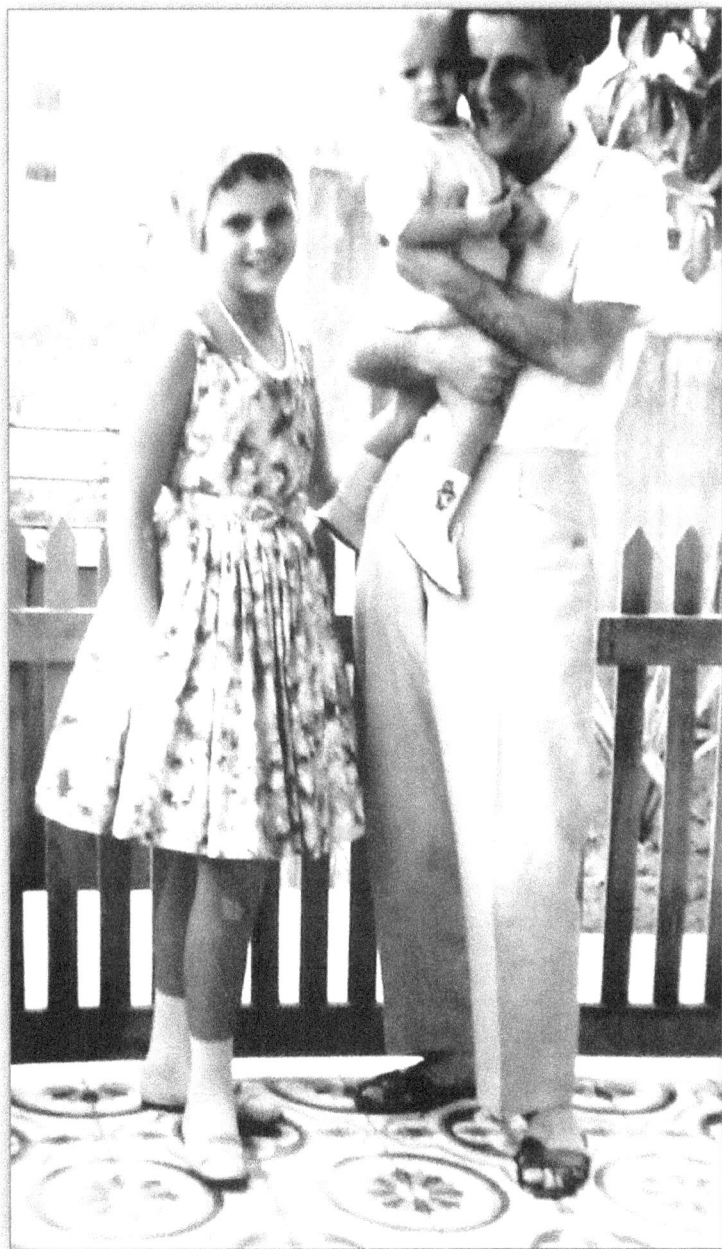

Figura 15   Chicchi, Attilio, Lino, Rio de Janeiro 1962

Quando ti vidi la prima volta
bella mi parevi
>*e seducente*

Forse era solo l'istinto primordiale resistente

Passai con te l'arco intero
>*della vita*

Ti vedevo, ti chiedevo
poi il tuo capo s'è imbiancato
e ho capito
>*che t'ho sempre amato.*

Una famiglia di volatili "emigranti"

Sono un piccolo essere
>*piumato*
con papà mamma e tanti
>*fratelli*
lasciamo i mari ed i monti
>*dove siamo nati*
con le ali che Dio ci ha dato
sorvoliamo nevi boschi dirupi
>*cinguettando*

Arrivati sui colli verdi
contornati d'alberi pieni
di rosse ghiotte bacche
era troppo bello per essere vero
i miei fratelli con mamma e papà
videro ed udirono canti e strilli
un albero più bello appariva
con rosse lucenti leccornie
ora son triste
orfano
e solo.

Una mamma

*D*ove sei mamma!

Tu che facesti il nostro nido
con le tue morbide piume
tenendoci sotto le ali calde

Con amore ci hai insegnato a volare
su in alto
sempre più in alto
per poi tuffarci a capofitto nella limpida brezza
fino a raggiungere i rami del dolce albero
zeppo di rosse bacche

Ora sono qui solo e tremante
mille canne di fucile sono puntate sul mio corpicino

Dimmi chi è quell'intelligenza
                              che ci vuole così male?

Io sono nella tua vita
ovunque tu sarai

La vita..!

Come le sere nello stadio
nelle tribune piccoli chiarori
di fiammelle che accendono
migliaia di sigarette
e spengono la vita
di molta gente

Un piccolo fiore il più piccolo
è uguale ad un meraviglioso computer
della natura, costruito con l'intelligenza
di chi?

... in milioni di anni...

Canta Napoli

Isto è o paese du sole
isto è o paese un mare
isto è o paese di tutte
                parole

Son dolci son amare
son tutte parole d'amore

Tu sei l'amore
da portare in braccio
fino al mare celeste

Vorrei stare con te
solo senza parlare
guardandoti negli occhi
per scorgere l'orizzonte
che segue il confine del cielo
con la terra, con il mare
e con l'animo vorrei vedere
oltre il futuro
dove nessuno può
sfuggire all'amore.

Bei tempi di gioventù

Un sorriso ti prolunga la vita
un bacio stuzzica l'amore
l'amore rinnova la vita

Ho il cuore pieno di dolore

Vorrei vuotarlo per riempirlo
d'amore.

~ V ~

Oggi che è tempo del *Grande Fratello* voglio raccontare anch'io
tre storielle, vissute senza l'enorme risonanza tipica dei protago-
nisti di questa trasmissione. Sono di tre vite, hanno proseguito nel
loro tram - tram, inconsapevoli che forse...

Dunque, corre il tempo del Congresso Eucaristico a Sarnico, di
pellegrini non ne mancano, tant'è che il *barcù* del Beniamì della
Doana è stracolmo di fedeli. Cantano mentre lentamente lasciano
la riva, ma arrivati più o meno a metà tra il ponte del *vapur* ed il
primo palo del *rëth: patanfète!* Un fedele cade nel lago, e lì non è
molle, l'acqua corre abbastanza. Quelli del *barcù* intenti ad attrac-
care al porto davanti alla Doana non si accorgono di nulla. Io e
mio padre invece eravamo sulla riva, lui con il bilancino ed io con
il secchiello, e vediamo tutto ciò che succede. Speriamo che qualcuno si accorga che una persona è in acqua, ma non avviene nulla.
Per istinto e non per fare l'eroe, credo avessi tra i 14 e i 15 anni,
salto in acqua sperando che il malcapitato sapesse stare almeno a
galla. A quel tempo quelli della mia età assomigliavano più a delle
anatre che a dei ragazzini. D'estate si era sempre in acqua, tant'è
che non ci si bagnava quasi nemmeno più la pelle, infatti appena
usciti due salti ed eravamo asciutti. Beh, di certo sapevamo nuo-
tare, invece quello là niente. Il poveretto smaniava e continuava
ad andare su e giù. Io più mi avvicinavo a lui e più sinceramente
non sapevo se continuare a farlo o piuttosto tornare indietro,
perché era un uomo piuttosto robusto ed io, inclusi i *braghì*, ossia
i miei calzoncini sarò pesato sui trenta chili. Però mi accorsi che
vicino a me c'era anche mio padre, e allora mi feci coraggio. Cominciai quindi a gridare: «Sta fermo, sta fermo!» Quello forse capì
la situazione e mentre cercavo d'afferrarlo per le maniche della
giacca o della camicia, non so bene quali tra i due, mio padre per

far sì che smettesse d'agitarsi gli diede uno schiaffo e lo afferrò
pure lui.

Fatto sta che dalla riva qualcuno ci vide e ci lanciò un pezzo di
corda, e dopo un affannoso sotto - sopra nell'acqua a pochi metri
dalla riva, alla fine riuscimmo ad afferrarla. Dall'altro lato poi la
tirarono trascinandoci fino alla scaletta sita dopo il ponte del *vapur*, proprio dove adesso si trova il "ristoro" cigni. Eravamo felicemente tutti in salvo, tuttavia la storia non finisce qui.

L'uomo era fradicio e così l'abbiamo invitato a casa nostra affinché potesse cambiarsi. Mio papà faceva il sarto e aveva sempre
qualche abito che non era stato ritirato da chi l'aveva commissio-
nato. A quei tempi non tutti avevano i soldi per comprare la stoffa
dal Parigi, e lui nemmeno faceva credito. «Se prendi la stoffa giù i
soldi» diceva, ma per il sarto era diverso. Qualcuno che aveva a-
vuto i soldi per acquistare la stoffa poteva non più averli quando
l'abito era stato confezionato, e così rimaneva per mesi e mesi in
bottega, a volte anni, attaccato al chiodo del porta panni. Fu così
che lo scampato dalle acque, lasciando il suo, si rimediò anche un
abito nuovo di zecca. Abitava a Milano e, avendo fretta di partire,
per timore di perdere l'ultimo treno, se ne andò quasi subito. Ci
lasciò però un biglietto da visita con il proposito che sarebbe tornato presto, ma non fu così.

A casa eravamo in tre fratelli, io di quattordici anni, mio fratello
di sette e mia sorella d'uno. Erano tempi di crisi e gli affari non
andavano molto bene, pertanto si cantava per non piangere e
sperando che la crisi passasse in fretta, per sfamarci spesso com-
pravamo solo un sacco di patate. Passato un mese o più dal famoso salvataggio, il vestito del pellegrino era sempre affisso in bottega. Giacca, pantaloni, gilè, camicia e maglietta dello scampato
dalle acque continuavano a rimanere là in bella mostra, e siccome
di soldi in tasca mio padre non ne aveva mai, disse: «Ho il biglietto da visita di quell'uomo, il cui nome non ricordo, bisogna anche
dire che sono già passate più di sessantasei primavere, dunque,
continuò mio padre: vado a Milano!»

Aveva racimolato i soldi solo per il viaggio d'andata, perché ap-
parendo un benestante sperava che quell'uomo gli pagasse alme-

no il biglietto del ritorno; aveva difatti i gemelli d'oro sui polsini della camicia. Fece così un bel pacco, mettendoci tutti gli indumenti gemelli d'oro compresi che aveva custodito con cura per paura che non andassero persi, o peggio ancora rubati da qualcuno. Mia madre, più avveduta, gli aveva però consigliato di consegnare i gemelli d'oro solo in un secondo tempo, ma lui era talmente sicuro del buon esito dell'impresa che anche i gemelli d'oro presero la via per Milano. Ah dimenticavo, la sera prima con il bilancino avevamo anche preso una bella anguilla di quasi tre chili, e mio padre pure di quella fece un bel pacchetto. Abiti, gemelli d'oro e anguilla riposti in una borsa di tela ricavata da una federa da cuscino partirono così l'indomani per... destinazione ignota.

A casa fiduciosi si aspettava l'epilogo dell'avventura, anche perché era molto prossima la scadenza della rata dell'affitto, che era allora di duecento lire. Questa corrispondeva all'importo fatturato per almeno cinque abiti completi di giacca, gilè e calzoni.

Si fa scuro e del pover'uomo ancora nulla. Io e mia madre non ce la sentiamo di andare a dormire. Non è, per così dire, che ci aspettassimo un sei all'enalotto, ma un quattro almeno lo speravamo. Arrivano le dieci di notte ed io non ce la faccio quasi più, cosicché qualche pisolino con la testa sul tavolo l'ho di certo fatto. A un certo punto però sentiamo un passo un po' pesante salire le scale, apriamo la porta ed ecco l'uomo fiducioso, altruista, sempre pronto a farti un favore che nemmeno ci degna di uno sguardo infilare una dietro l'altra le due porte che conducono alla sua camera da letto, qui leva le scarpe e per tre giorni, senza nemmeno una sigaretta, se ne sta sotto le coperte. *Lodovico - Lodovico, sei proprio dolce come un fico. Mi daresti, se lo voglio, l'orologio il cappello ed il portafoglio. Oh Lodovico, sei proprio un vero amico!*

Sapemmo poi che all'indirizzo riportato sulla carta da visita aveva trovato una signora, forse la cameriera, non si sa bene chi fosse, la quale nemmeno gli aveva aperto il cancello. Presogli i pacchi gli disse in modo sbrigativo che li avrebbe consegnati lei al signore. Non si sa nemmeno se lo ringraziò, s'incamminò poi verso l'autostrada Milano - Venezia, da poco ultimata, là aspettò che il custode del casello gli segnalasse un mezzo che andasse verso

Brescia. All'una circa di notte transitò un signore inglese che acconsentì a dargli un passaggio fino a Palazzolo, dopodiché a piedi si diresse verso casa e da lì dritto - dritto nel suo letto!

Secondo episodio tutto moderno, DOC, come si direbbe oggi

Correva l'anno di grazia 1938 - 39, tempi duri, erano già da tre anni che attendevo di avere un posto di lavoro. Siccome era del nostro paese eravamo persino stati dal Federal a Berghëm, si sperava in una seppur piccola raccomandazione, che non venne. Così mio padre con bottega e famiglia dovette "approdare" a Rivatica, località costiera di Paratico, e tutto per un tributo chiamato ricchezza mobile che allora si pagava solo nella bergamasca e non in provincia di Brescia. Io e mia madre per quell'imposta che non potevano pagare sbaraccammo con la carretta del Moleri materassi di lana, stufe, credenza e due sedie, per far sì che l'usciere non ce li pignorasse finendo a dover dormire in terra e al freddo.

Finalmente un giorno arriva l'astro, non quello di Betlemme, ma comunque di una buona novella che mi mette al corrente d'avere un posto di lavoro alla Colombo. Eravamo in tre a essere stati assunti: io, il Rico Castelì, e il Bepino Frër. Ci presentammo tutti e tre dal direttore, che senza tante storie ci assegnò il lavoro da svolgere. A me indicò un carrettino con due ruote di ferro lungo quasi un metro e mezzo dalla tara di quarantacinque chilogrammi. Bisogna tener presente che a quel tempo il mio peso continuava ad aggirarsi sui 30-35 chili, poi mi fece cenno che su quel carrello ci dovevo caricare almeno sei sacchi da 50 chili l'uno, tre sotto due in mezzo e uno sopra, in fine portare tutto in magazzino dove sarebbero stati accatastati.

Fu così che mi trovai in filatura a lavorare l'amianto. In totale erano 345 chilogrammi che, carretto di ferro compreso, dovevo spingere dalla fabbrica al magazzino. Da notare che un mio collega il Guerù che era di stazza due volte e mezzo la mia, faceva molta fatica anche lui a spingere quel carrello, immaginatevi il sottoscritto.

Il Guerù era della famiglia degli Spolti e lo chiamavano con questo riferimento alla parola guerra perché giocava come difensore nella squadra di calcio del Sarnico, e quando gli avversari si avvicinavano all'area della porta, ce n'erano sempre due o tre distesi intenti a lamentarsi. Se per caso riuscivano però a superarlo, allora potevano provare a calciare in porta, difesa dal Pina, Cadei Carletto, il quale e se non aveva bevuto un boccale di vino prima della partita si faceva in quattro per cercare di parare i palloni col sedere.

In fabbrica c'erano macchinari per filare le fibre e altri per ritorcere le corde, la cui descrizione prenderebbe troppo tempo, inoltre vi erano quelli che oggi chiameremmo i tecnici, che venivano da Gandino ed erano comunque persone abbastanza comprensive. Lì iniziarono dunque le mie prime esperienze di lavoro che consistevano nell'attaccare fili e pulire camere piene di polvere.

Un giorno d'estate che faceva un caldo insopportabile tanto che la gente si era tutta rifugiata in casa all'ombra, dopo pranzo caldo o non caldo che fosse dovevo riprendere fino alle dieci di sera il mio turno di lavoro. Quel giorno avevo anche un gran mal di denti, tuttavia m'incamminai verso il mio posto di lavoro. Arrivato in fabbrica, il capo mi assegnò una fossa da pulire dalla polvere e dai cascami scaricati dalla macchina che stava sopra, più o meno sei - sette quintali d'amianto fine come la sabbia.

Nella buca procedevo il lavoro assieme al mio collega Rico che stava sopra, ma dopo averne pulito la metà il mal di denti era diventato un vero e proprio tormento. Allora andai dal mio capo Rino e gli dissi: «Signor Rino io vado a farmi levare il dente». «Va bene, mi rispose, ma fai così, esci con la tuta prendi questo ferro e lo porti dal Pü, il fabbro del paese, dopo ti fai levare il dente dal dott. Madruzza e ritorni in fabbrica così ti segno ugualmente la giornata intera».

D'accordo senza levarmi la tuta uscii con il mio mal di denti e con il ferro in mano, anche se tutto ciò era solo un pretesto per non farmi perdere una o due ore di paga. Passai dalla portineria e inforcata la bicicletta mi misi a pedalare verso il lungo lago. Sullo specchio d'acqua i barconi con le vele spiegate scivolavano già

verso Lovere. Il cielo era azzurro e la superficie del lago accarez-
zata dalla brezza dell'Ora s'increspava in infinite onde che per-
cuotendo la riva generavano uno squittio incessante; per il resto
tutto era silenzio, non c'era anima viva in giro.

Ad un tratto però sentii la voce di un bambino proveniente dalle
vicinanze della villa del signor Lino gridare: «*cori - cori vers de
me!*» Al momento non mi resi conto di quello che voleva, bisogna
dire che il mal di denti mi teneva piuttosto impegnato, inoltre fan-
tasticavo già sulla pinza che il dottore era solito nascondere dietro la schiena per non incutere troppa paura ai malcapitati di turno. La prima volta che me ne estrasse uno ci provò per ben sette
volte prima di riuscirci, e senza usare alcun anestetico! Ci si può
rendere conto con quanto entusiasmo mi stavo recando da lui. Ma
il bambino che poi riconobbi essere il Cappelli continuava: «*Cori -
cori!*» Allora allungai la pedalata e mentre mi avvicinavo alla
sponda del lago m'indicò che qualcuno era caduto dentro. Difatti
un altro bambino si stava dibattendo nell'acqua. Ci pensai un
momento, mi osservai attorno per comprendere se c'era ancora
qualcuno nei paraggi, ma mi resi conto che il tempo non era proprio molto per prendere una decisione: quello in acqua incominciava a non emergere più e sarebbero bastati solo pochi secondi
perché il peggio avvenisse! Allora considerando che se quella tuta
da lavoro che avevo addosso si fosse bagnata mi avrebbe certamente appesantito di una decina di chili, levai in fretta le scarpe e
cercai in fine di sfilare anche quella per le maniche, ma non riuscendo a mollarla in fretta e furia presi la rincorsa per fare un salto il più lungo possibile e arrivare in fretta dal malcapitato.

Dall'istante in cui entrai in acqua tutto si svolse quasi inconsapevolmente. La tuta e il ragazzo mi lasciavano pochi movimenti. Il
fanciullo che era rimasto sulla banchina non so se fosse andato a
chiamare qualcuno, so solo che arrivai a riva e piano - piano nuo-
tai fino alla scaletta di ferro dove era solito mettere la barca il
Cangì; questi la usava per fare il tragitto dal lungo lago di Sarnico
alla sponda di Paratico, dato che lavorava come pilota del *vapur*
che rimorchiava le chiatte della ferrovia.

Portai su il ragazzino che aveva sei - sette anni, forse meno, lo stesi per terra tolsi definitivamente la mia tuta e gliela misi sotto il sedere. Cominciai così a muovergli le braccia, lo girai con la pancia a terra alzandogli un po' le gambe e subito rigettò una boccata d'acqua. Lo voltai, mi guardò per circa un minuto e poi gridò: «*La mé cana, la mé cana!*»

No, non avevo proprio intenzione di fare un altro tuffo in acqua per andare a prendergli anche la piccola canna di bambù con un solo pezzettino di filo e un amo attaccati, inoltre si era già allontanata un bel po' dalla riva. Ripresi allora la mia bicicletta e dopo averci caricato il Sandro Moleri in mutande e con la tuta blu in mano lo accompagnai al *fondec*, luogo dove oggi c'è un bar ma che allora era destinato al macello dei maiali e si facevano tanti di quei salami...

Tutto questo avvenne verso le tre del pomeriggio e il mal di denti a quel punto mi era passato, quindi dato che di paure ne avevo avute abbastanza piuttosto che dal dentista preferii ritornare al lavoro. Verso le cinque di sera arrivò in bottega di mio padre il papà del ragazzino, mettendogli sul banco di lavoro una *cobia de codeghì*, e per me invece gli diede cinque aquilini d'argento. Non ne avevo mai visti così tanti assieme. C'è da dire che anche il Celestino, che era un altro suo figlio, non aveva avuto la stessa fortuna del Sandro. Quello difatti era annegato proprio a quell'ora di sei o sette anni prima, recandosi anche lui a pescare, e più o meno nello stesso posto dove io avevo salvato il fratello.

Terzo episodio

Nell'estate del 38 o del 39 il ponte brulicava di ragazzi della mia età intenti a fare i tuffi. Di solito la domenica il bagno lo facevamo al ponte mentre gli altri giorni si andava alle chiatte, *sö le lengue*. Il giorno festivo era speciale perché con il treno arrivavano i turisti che facevano la passeggiata sul lungo lago, mangiavano un gelato dalla Cangia e andavano poi verso il Cantiere dove c'era un *verticalbar* a ballare. Nell'attraversare il ponte qualche turista si fermava a guardare noi ragazzi tuffarci e, per invogliarci a farlo, alcuni di loro gettavano in acqua una moneta da 10 o 20 centesimi. Noi in un istante spiccavamo un salto e con la testa in giù entravamo nell'acqua. Sotto bisognava poi continuare la discesa il più possibile e alla fine girarsi per vedere la monetina scendere zigzagando in mezzo ai raggi di luce argentata. I riflessi del sole ci abbagliavano un po' tuttavia, prima che finissero sul fondo, le monetine le aguantavamo quasi sempre.

In uno di questi pomeriggi assolati, dopo innumerevoli giochi e tuffi, mentre ci accingevamo con l'aria ancora tiepida e il sole appena disceso dietro San Gioän a uscire dall'acqua, arrivò un nostro coetaneo che da poco tempo si trovava in vacanze dalle nostre parti. Questi passò dal ponticello di legno dove le donne andavano a lavare, perché la lavatrice allora non era ancora nemmeno un sogno. Io e il Cinto Polì quando scorgemmo il Ventura, così si chiamava il ragazzo in vacanze, eravamo ancora in acqua. Lo invogliammo perciò a entrare, sostenendo che si toccava il fondo con i piedi. Non doveva aver paura perché l'acqua era bassa. Rassicurato si tolse allora le *braghe* e dal ponticello fece un salto deciso: *patapumfete*, ma non riuscendo a toccare il fondo con i piedi si trovò subito sommerso. Noi non ci aspettavamo che lui non fosse capace di rimanere a galla, pertanto ci trovammo subito confrontati a una situazione piuttosto complicata da gestire.

Il Cinto Polì gli andò allora vicino cercando in qualche modo di dargli una mano; aveva a quel tempo dagli 11 ai 13 anni, ma si rese subito conto di non riuscire a farcela. Cercò allora di svincolarsi ma quello gli impediva di muoversi: sarebbero affogati entrambi! Alla fine riuscì però in qualche maniera a liberarsi. Io che mi trovavo sul ponticello di legno vedevo tutto quello che stava succedendo, e nel momento in cui il Cinto veniva verso riva, l'altro invece si allontana sempre più immergendosi e affiorando in continuazione. Non sapevo proprio cosa fare. D'istinto sapevo di destreggiarmi abbastanza bene in acqua e di avere anche qualche anno in più del Cinto, di conseguenza decisi di tuffarmi e con una ventina di bracciate lo raggiunsi. A quel punto gli gridai di star fermo, ma quello mi si arrampicava addosso e mi faceva finire in continuazione sott'acqua, mi si era aggrappato e non mi mollava più. Riuscii però con la forza della sopravvivenza e con un po' d'abilità appresa nei lunghi periodi trascorsi a imitare anatre e pesci a far emergere appena la testa per prendere qualche boccata d'aria.

Credo che a quel punto anche il Ventura si fosse ormai reso conto che la situazione si era fatta parecchio complicata, e così iniziò a lasciarmi un po' la stretta permettendomi d'essere più libero nei movimenti. Dove ci trovavamo c'era anche un bel po' di corrente, e per arrivare al ponticello era proprio dura! Comunque per fortuna pian - piano alla fine ce l'abbiamo fatta.

Commentando poi seduti sulla riva l'accaduto, il Ventura ci raccontò che prima d'allora aveva sì fatto qualche bagno in uno stagno, ma là l'acqua non era mai più profonda di un metro. «E perché allora sei saltato?» gli chiedemmo. «Perché mi avete detto che si toccava il fondo con i piedi, e io vi ho creduto». Benedetti ragazzi.

Il giorno dopo lo incontrai di nuovo e mi disse: «Però l'abbiamo scampata bella ieri», e mi allungò una Popolare, una di quelle sigarette che andavano in voga negli anni trenta, le più economiche sul mercato, le *spaca stomech*, come le chiamavamo allora, e persino mi ringraziò.

L'Italia s'è desta

La storia d'Italia del XX° secolo da parte di chi l'ha vissuta, non è totalmente esente da come qualcuno questa gli ha raccontato. Ad un piccolo balilla tra i tanti qual'ero allora, essa non poteva che iniziare dal padre di tutti loro, ossia il Balilla del quartiere Portoria di Genova; ciò per far comprendere perché il popolo italiano fosse radicalmente ostile agli austriaci, ai *togni*, ossia ai tedeschi. Questi allora occupano le nostre terre, il popolo si sente oppresso, nascono i primi gruppi di resistenza: i Carbonai, quelli della Giovane Italia, e tutti si ribellano riuscendo città dopo città a mettere in fuga gli occupanti che cercavano con atti barbari di tenere in ginocchio e affamare il popolo.

Il Balilla in questione è un giovinetto genovese che assiste a un diverbio tra soldati austriaci e popolino. I soldati stavano trainando un cannone di bronzo che a un tratto sprofonda nel fango; non riuscendo a tirarlo fuori si rivolgono a dei giovanotti che li stavano osservando soddisfatti di ciò che gli era successo. I soldati sentendosi offesi danno mano al nervo, iniziando a sferzare le persone che si trovavano attorno. Il ragazzo vedendo ciò prende un sasso e lo scaglia contro uno di quelli colpendolo con veemenza alla fronte. Immediatamente si alza un grido di protesta: «Viva l'Italia, abbasso gli invasori!» Una battaglia di schioppettate e lanci di pietra ha così luogo, e tutta la città finisce per sollevarsi contro l'invasore. La sommossa non può essere domata e così Genova raggiungendo l'indipendenza può unirsi al nuovo regno d'Italia. Molte città seguiranno l'esempio.

La storia prosegue poi con Garibaldi, Vittorio Emanuele II° e si arriva così al secondo episodio, anch'esso molto significativo per la storia d'Italia. Si chiede al Papa di lasciar Roma e ritirarsi in Vaticano, ma non accetta. Nel 1870 i bersaglieri dalla famosa breccia di Porta Pia entrano a Roma, e la città eterna diviene capitale d'Italia.

Torna la sera

Tanti istanti che anno dopo anno vanno a formare il tempo. Attimi che lentamente si susseguono, nessuno mai uguale all'altro. Sono milioni, miliardi, entrano dentro di te, senza mai fermarsi, ti riempiono le cellule a volte di sconforto, altre di speranza, ti bloccano il petto con forza e non ti lasciano respirare. Allora il cuore accelera il ritmo, gli occhi si aprono, e non arrivi più a richiuderli. Le forze t'abbandonano, la pressione si fa sempre più forte. In una tristezza e angoscia che non finiscono mai, i pensieri si accavallano, il futuro scorre, pensi a come finirlo, a un atto estremo.

Oh mio Dio, fa che nelle mie cellule cerebrali ciò non avvenga, che non si annidi in esse questo pensiero che pur batte ferocemente. Signore mio, salvami! Rallenta il cuore mio, affinché possa sopportare i lenti *squit - squit* di tutti i "tarli" che rosicano la mia vita. Sono certo che col dono della tua speranza saprò accettare in ogni istante la tua volontà. Non inveire, ti prego. Tuo figlio sulla croce ha già sofferto ogni istante di dolore della nostra esistenza.

In fabbrica

Nel 1959 con le macchine prese in Italia andai ad allestire una filatura - trecciatura d'amianto in Brasile. Impegnato come sono dal lavoro, quasi nemmeno mi accorgo che a casa ho una figlia e una moglie, è quest'ultima che si accolla il compito principale di portare avanti l'avventura della nostra famiglia, e un secondo figlio ci viene al mondo.

Abitavamo a Rjo de Janeiro e credo di non aver mai portato mia moglie a vedere un film o quant'altro. Certo, avevo il mio lavoro, ma a somme fatte credo d'essere stato ingrato con lei.

Finito però d'allestire la fabbrica, montando e mettendo in funzione le macchine per la produzione, finisce anche la mia avventura con l'Asberit, l'impresa che mi aveva assunto. Causa di ciò in particolare il fatto che il titolare dott. Cattaneo, di origini genovesi, perisce in mare. Era una persona molto dinamica e aveva ancora tutta la vita davanti a sé, il destino è stato crudele con lui. Appassionato di vela mentre partecipava a una regata con la sua imbarcazione Viria II, questa si spezza in due tronconi e lui assieme ad un compagno soccombe. La metà dell'imbarcazione che aveva il peso della deriva affondò, e i due che erano legati con una cintura a questa parte non riuscirono a slacciarsi e furono trascinati sul fondo del mare. Si salvarono invece i due dell'equipaggio che si trovavano a prua, infatti quel troncone di barca rimase a galla e le onde lo riversarono in seguito sulle sabbie della costa. I sopravvissuti erano due ragazzi e figli rispettivi dei deceduti.

Un pensiero va a quest'uomo che avrebbe potuto salvarsi da una fine così tragica, se solo alle cinture confezionate in fabbrica fosse stato applicato un diverso tipo di fibbia, che personalmente avevo consigliato. Quelle che invece usò erano le classiche e in più con due linguette, difficili d'aprire rapidamente. Io invece gli avevo proposto due ganci a levetta perché sarebbe bastato un dito e in un batter d'occhio li avrebbero aperti. Ero nato lontano dal mare, ma sempre sull'acqua di un lago, e avevo compreso cosa volesse dire in certe situazioni essere il più rapido possibile. Il dottor Cattaneo Maurizio Giustiniani, il cui indirizzo genovese ricordo ancora: Via Baldi n°1, era una persona che fece sentire la sua mancanza, era difatti un imprenditore saggio e giusto.

Figura 16   Attilio e Renzo, Sarnico 1963

Con la morte del mio principale l'avventura Brasiliana si conclude in breve tempo. Si ritorna in Italia con un pugno di lire. Il valore dei dieci milioni di *cruzeiros* che la Gioconda aveva risparmiato per un sogno: la casa, in un mese l'inflazione li aveva ridotti quasi a nulla. Al cambio avrebbero dovuto fruttarmi circa quaranta milioni di lire, ma in un mese il Brasile va in bancarotta, e alla fine i dieci milioni di *cruzeiros* di lire me ne rendono solo due e mezzo, e fu così che con la sua lena e altrettanti sacrifici mia moglie riuscì a farsi costruire a Sarnico sopra quello del fratello Renzo un appartamento, invece di poterci acquistare una piccola casa tutta per noi.

Io ritorno a lavorare alla Colombo a Predore. Non mi trovo male, però non è più il grande lavoro che facevo in Brasile. Il Rino Colombi più che un capo è un fratello, tant'è che dopo due giorni mi dice: «*Ada se ta pödet daga una lädina a la me machina*», in pratica mi chiedeva di lavargli l'auto.

Mi sono conformato a quel lavoro perché ero a casa mia in Italia, e poi il signor Colombo al tempo aveva già fatto tanti di quei soldi, che certo, si faceva il proprio dovere, ma senza essere troppo cronometrati. Infatti la quantità di filato che al giorno producevamo era di circa 3 - 4 quintali, ossia appena un decimo di quello che realizzavamo in Brasile.

Sono in Italia, abbiamo la nostra casa, il lavoro non dava quelle grandi soddisfazioni che si vorrebbero avere, ma nemmeno troppi grattacapi. Le settimane passano e con esse pure gli anni. Grazia, mia figlia, va a scuola e se la cava bene anche senza seguirla troppo, anzi, egregiamente; fa pure l'insegnante di catechismo all'oratorio. Una domenica pomeriggio durante l'ora di lezione perde le staffe e lancia a un ragazzo una scarpa che finisce in testa a un altro perché quello a cui era diretta s'è abbassato. Era una classe di diavoletti e ne combinavano una al minuto.

La Grazia già pensa agli studi che vorrà fare, sceglie economia e commercio. Io a queste scelte partecipavo poco e non perché mi disinteressavo, ma piuttosto perché lasciavo che il tempo potesse fare il suo corso. Qualcuno potrà dire che è sbagliato, ma credo che poi siano i singoli a doverlo giudicare, anche perché sono loro che in prima persona e in modo autonomo devono capire come tracciare la loro vita, il loro futuro.

Il vivere, il lavorare, non erano problemi per me. Bisogna però dire che avevo a fianco una compagna molto impegnata con la famiglia, e io tendevo piuttosto a lasciare a lei il compito di gestirla. Portavo a casa la busta paga senza quasi guardare quanto avevo guadagnato. Lei mi dava i resoconti e mi diceva: «Lino, questo mese abbiamo risparmiato 150.000 lire». Oppure: «Ho dovuto fare delle spese per la casa e quest'altro mese siamo andati sotto di 50.000 lire». Era una sorta di routine.

Mio figlio alle scuole medie se la cava senza troppo brillare. È bravo in ginnastica e ci porta a casa sei o sette medaglie d'oro e due di bronzo; sopratutto nella corsa, un po' meno nel salto in alto. Mi domando se migliorerà anche nelle altre materie.

Il tempo scorre e quasi nemmeno te ne accorgi che dietro di te c'è sempre qualcuno che spinge. Le generazioni sono come l'acqua che scorre sotto il ponte, quella più avanti deve per forza correre e lasciare il posto alla nuova che arriva. Ciò mi era sempre stato chiaro anche ai tempi in cui ero ragazzo, tuttavia l'acqua del lago che allora bevevamo non avremmo mai immaginato che fosse diventata sempre più torbida com'è oggi. Ma non è stata solo l'acqua del lago a cambiare aspetto, ma tutto attorno a noi è divenuto sempre più minaccioso e intento a travolgerci. Quello che stava sorgendo piano - piano era l'inizio di una nuova e immensa tragedia.

Le acque torbide del lago difatti non scaturiscono dal nulla, ma dalla fonte del cosiddetto sviluppo, ossia dall'obbligo di dover produrre sempre più di prima. Sempre più cementi, fetidi liquami, sostanze ipnotiche...

Il progresso corre in ogni senso e non guarda in faccia a nessuno. Al richiamo del suo imperativo anche la corruzione può essere tollerata, mentre le istituzioni chiudono un occhio, a volte entrambi, e chi invece rimane invischiato in questo infernale meccanismo, come farà a salvarsi?

L'attesa

Il nonno se ne va dopo tanto dolore e angoscia, la sua anima è in pace. Vi aspetta sulla stella più lucente che brilla nel firmamento, sotto la cintura d'Orione a Sud - Est: Sirio.

Lì sto finendo di sistemare una bella casa linda, con fiori, anatre, colibrì e iris. La casa è spaziosa e ha una piscina azzurra più del cielo terso. Chi la governerà sarà certamente la mia compagna che mi ha offerto il suo amore e tutta la sua terra. È laggiù, non riesco a vederla, tuttavia so che c'è; là ho vissuto anch'io.

Inoltre sto finendo un grande tavolo, tanto grande quanto è la costellazione dell'Acquario, in modo che la mia Chicchi possa ricevere tutti gli invitati che vuole. Giove mi ha permesso di sentire direttamente Bacco affinché il nettare che là scorrerà non provenga mai d'uve modificate. Per assicurami che le libagioni non saranno mai contaminate da cesio BSE e altre diavolerie che gli abitanti della terra hanno saputo creare, ho contattato esplicitamente Diana. Ci sarà solo roba genuina, come ha l'abitudine di dire la mia cara cognata Anna; semplicemente genuina, senza coloranti né conservanti; beata lei che ci crede ancora.

Qui in questa casa tutto sarà possibile, soprattutto non ci saranno rivalità e corse per arrivare primi. Tutti saremo primi, tutti saremo ultimi. L'unica cosa che regnerà davvero sarà il volerci bene. Tutto il resto rimarrà fuori!

Nel lato destro della grande casa, a dieci passi dalla piscina, vi sarà un grande salone pieno di libri rilegati d'oro. All'interno, a ridosso del muro, un divano e una grande poltrona nella quale il mio filosofo siederà per discutere del bene e del male con le arti e le muse. Morfeo sarà il suo segretario, e dopo aver lungamente trattato dei grandi temi che non hanno mai fine, si stenderà beato al cospetto d'arti e muse che con tutta la dovizia che ben conoscono sapranno allietargli l'innocente riposo.

Per me ho preparato un'enorme stanza dipinta con tutti i fiori della flora terrestre. Alle pareti tanti ganci e gancetti per appendere le meravigliose opere di una ragazza che là sul monte alla Rocca sognava di dipingere agnellini, capretti, porcellini, folletti, e tanti fiori dai mille colori. Vulcano mi ha cotto tegole e mattoni, sono rossi più del suo fuoco, talmente lucenti e brillanti da poter essere subito scorti da chi per caso si troverà a passare dalla Via Lattea.

Come compenso per il soggiorno ogni cento anni si riceverà un fiore. Chi vorrà prolungare la propria permanenza dovrà compiere un pellegrinaggio alle fonti delle stelle cadenti. Lì potrà raccogliere la vita racchiusa in esse e seminarla in altri pianeti, questo dopo essersi ben premunito di modificarle il DNA del dolore, che seppur non si veda, fa comunque sempre tanto soffrire.

Qui poi i ragazzi non andranno a scuola come si usa sulla terra, ma si raduneranno in cerchio ad ascoltare gli artisti e i filosofi come Socrate dilungarsi in piacevoli discorsi, nello stesso istante in cui vergini e muse danzeranno e canteranno soavi melodie all'amore.

In questo luogo crogioli di stelle lucenti esplodono in continuazione con un'abbagliante luce, poi si spengono e si riaccendono appena dopo aver attraversato per tre miliardi di anni un buco nero che come un drago inghiotte e sputa un sole dopo l'altro, per milioni e milioni di volte, senza fine.

Com'eravamo piccoli sulla terra, con le nostre gioie e i nostri dolori e con la presunzione d'essere i padroni di tutto ciò che non ci apparteneva.

L'ultima spiaggia

L'ultima spiaggia
lontano verso l'orizzonte
dove le vele son gonfie di vento

Spumeggianti sui fianchi
le azzurre acque
a tratti un cielo cupo
tra nubi statiche e sonnolenti

Lambite le rene
dalle pigre onde
che fra stridii d'uccelli
indietreggiano silenziose

Come i ricordi
di un tempo ormai lontano.

~

Battaglione della morte
creati per la vita
a primavera si apre la partita
i continenti fanno fiamme e fior
per vincere ci vogliono i leoni di m.
pieni di valor

M. rossa
quale sorte
fiocco nero alla squadrista
noi la morte l'abbiamo vista
con le bombe
ed in bocca un fior

Un piccolo fiore
nasconde il più grande
mistero della natura
è la vita

Chi l'ha generata?
Nei millenni di chi?
Un immenso computer dell'universo?

Non comprendo come mai popoli civili ma di religioni diverse si odino a vicenda nonostante tutti abbiano lo stesso scopo: giungere a Dio. Credo che se Dio esiste non può che essere uguale per tutti. L'insegnamento «amatevi» a cosa serve se ogni stato, ogni capo, ogni esercito spreca tante risorse solo per dimostrare la propria superiorità!

Senza mai ammetterne la loro reale pericolosità, questi impiegano materiali e sostanze per poter distruggere il più possibile. Oggi li chiamano "impoveriti", ma sono fonte di tante distruzioni e persistenti contaminazioni che minacciano gli esseri viventi per migliaia e migliaia di anni, storpiandoli, deformandoli, uccidendoli. Questi governatori, questi guru, dispensano in continuazione

innocenti sorrisi come se il popolo fosse una massa d'idioti, inca-
pace di comprendere alcunché.

Queste ingenti risorse se non sono usate per il bene dei popoli,
ossia per affrontare le calamità che si abbattono ordinariamente
su di loro, e continuano invece a essere impiegate per mantenere
in forza il potere di distruzione di massa, non potranno mai essere una vera ricchezza in grado d'offrire una reale speranza di futuro e d'avvenire per l'umanità.

Speranza che alberghi

nella linfa del sangue mio

quando ti cerco tu mi sfuggi.

~

Conosci il cielo le stelle

sempre lucenti e belle

quasi tutto del creato

ma non mieterai mai

il grano che non hai seminato.

30 settembre 2011

In questo giorno Attilio e Silvana trovandosi a Parigi mi hanno
rivelato che in un cassetto spesso inutilizzato di casa troverò una
sorpresa. Dicono d'essere stati aiutati nel compito da Santa Lucia,
e che in quello troverò il regalo per il mio anniversario. Tanti anni
di vita sul pianeta Terra! M'invitano a proseguire il mio cammino
senza dimenticare le mete che il mio destino vorrà ancora asse-
gnarmi.

Con speranza ed umiltà, attendo i miei compiti.

Figura 17   Silvana, Giacomo, Piero, Attilio, Grazia, Lino, Gioconda, Giulia

San Fermo fine anni ottanta

Durante la sera ci troviamo invece nel giardino di una dimora d'altri tempi; credo sia una delle ultime in paese che sia riuscita a dribblare le unghie della ruspa. La Chicchi ed il Piero l'hanno sistemata per abitarci. Tanto hanno fatto che quasi quasi ora finiranno per andare a dormire nel solaio. Sì perché i loro figli, Giacomo e Giulia, che non sono più bambini, reclamano la loro privacy! E come dargli torto? Sul prato la tavola è imbandita a festa, c'è qualcuno che questa mattina nello svegliarsi ha messo la mano nel sacchetto della tombola e ha estratto l'ultima pedina: 90!

Gli eroi invisibili

Rasentando il muro del porto, in quel rigido inverno del 29, gelati come il freddo che aveva rotto a metà gli alberi che già avevano vent'anni, non si trovavano quelli che avevano fatto a Sarnico tanto onore da essere osannati nelle "sacre scritture" del paese, ma gente rude senza un centesimo in tasca, dalle cui bocche a volte uscivano delle imprecazioni, non proprio molto belle d'ascoltare.

In un mattino qualunque, diciamo il 19 gennaio, appena qualche giorno dopo S. Mauro quando aveva già fatto il giro del paese l'odore dello zucchero filato, senza però smettere di profumarne l'aria che un buon naso poteva ancora sentire, sta per sorgere il sole. Per quelle persone appoggiate al famoso muro sta arrivando anche un raggio di calore. Il loro sguardo è rivolto a est, il muro dell'albergo che li ripara dall'aria del lago gli rimanda un lieve tepore che le ossa intirizzite percepiscono subito. Ma quelle persone lì appoggiate cosa stanno facendo? E sì, da una o più ore aspettano che al porto arrivino i barconi. Lì c'era anche la stazione del tram proveniente da Bergamo, era un punto di scambio e si trovava proprio di fronte alla filanda e al suo alto camino, nella quale le *filandere* già da tre ore erano all'opera. Il fischio d'inizio lavoro era stato dato alle cinque del mattino e dieci minuti prima la contrada era stata attraversata dalle operaie con un rumore di zoccoli tale, che se non l'hai mai udito, non puoi immaginarlo.

Arrivano i barconi, da noi chiamati navi, con la vela rettangolare dispiegata al vento. È al mattino che da est scende *öl Vet*. Attraccano solo se il lago è calmo e la manovra è piuttosto facile, ma se il vento soffia più forte del solito ci vogliono diverse cime tenute dalle mani dei famosi assiderati per far sì che le imbarcazioni non finiscano per fracassarsi contro il ponte, che è a circa cento metri di distanza. Lì sono all'opera il Masciù, il Balöca, Ciuca, Mangagnoti, Ros, Papo, Posciäi, Sgäghn, ecc. Aspettano d'essere chiamati per aiutare a scaricare i barconi che portano la sabbia dal fiume Oglio a Lovere, oppure i sacchi di cemento da Tavernola o anche la legna e le castagne da Predore e dintorni. Tutti si danno da fare per racimolare qualche lira per un quarto di vino, un panino e una fetta di mortadella. Non bisogna nemmeno dimenticare i pescatori che a quell'ora rientravano con le loro *regagne* (reti a strascico), uscivano sul lago la sera e rientravano al mattino, mentre alcuni rimanevano in barca anche due o tre giorni. Gli scalpellini invece con il freddo di quell'anno non potevano lavorare granché, la pietra col gelo si fratturava facilmente.

Tutta questa gente non è menzionata sugli altari della patria, ma con il loro lavoro tanta fame hanno tolto dalla bocca di chi allora non aveva proprio niente, inoltre molti dei cosiddetti eroi erano nascosti anche tra di loro. Il Ciuca per esempio ha tirato fuori tanta di quella gente dall'acqua in procinto d'annegare, che nemmeno l'Aquilino ha preso tante tinche col *ferasì* quante erano le persone tratte in salvo da lui, il quale non ha mai avuto un paio di scarpe fino al giorno in cui è andato a far la guerra in Africa. Il Balöca, invece, proprio sul nostro lago ha battuto il Bacigalupo a nuoto, che era a quel tempo campione italiano della specialità. Il Nöna se n'è stato per ben tre minuti e mezzo sott'acqua. Gente poverissima, però se avevano un pane erano capaci di dividerlo.

Tempi duri in quell'inverno che non finiva mai. Chiudevano le banche, erano tre a Sarnico. La Bancaria era fallita mentre la Popolare e l'Agricola se l'erano cavata per "il buco della serratura". Il fascismo già imperversava assieme alla crisi che si sarebbe protratta fino agli anni trenta. Tanti giovani passeggiavano in piazza con le mani in tasca, ogni tanto andavano per legna o a pescare, ma non tutti avevano barca e reti. Qualche scalpellino e alcune *filandere* sopravvivevano un po' più agiatamente.

Nel 1930 inizia però la campagna fascista, Mussolini vuole cambiare l'Italia schiava a suo dire dell'imperialismo britannico e del capitalismo americano. Applica l'idea dell'autarchia, intraprende la battaglia del grano, vuole la famiglia numerosa e premia chi ha tanti figli; inoltre non manca di sostenere lo sviluppo industriale con la nascita di nuove fabbriche. L'aeronautica in quei tempi fa passi da gigante, si producono dirigibili che sembrano grandi botti appuntite. Questi galleggiano nell'aria grazie all'idrogeno contenuto negli involucri di tela cerata, e per la propulsione si avvalgono di due o tre motori SPA montati sulla navicella che imbarca equipaggio ed eventuali passeggeri. Ve n'è uno che si chiama Italia e si appresta a compiere un viaggio al polo nord. Il finale della spedizione è disastroso e terrà il fiato sospeso a mezzo mondo. Sono tempi di crisi ma anche di grandi cambiamenti. Al cinema si cominciano a vedere i primi film muti e le riprese della *Tenda rossa*, che ripercorreva la tragica avventura del dirigibile Italia. Ci sono i voli per l'America di dodici aeroplani Caproni comandati da Italo Balbo, si gareggia per avere un primato dopo quello di Lindbergh nell'attraversata dell'Atlantico a bordo di un monomotore. Ma anche gare di velocità con De Pinedo e il suo idrovolante azzurro che raggiunge quasi i 700 km l'ora. Tutto il mondo occidentale si sfida malgrado la crisi si faccia sempre più grave, ed è probabilmente anche per questo che si sogna un modo di vita migliore, facendo sì che si diffonda sempre più un atteggiamento da *belle époque*. La gente canta *Giovinezza* e *Se potessi avere mille lire al mese*.

Con la dittatura fascista chi comanda veramente non è più il re Vittorio Emanuele III°, ma il duce Benito Mussolini. Partono così i legionari per la Spagna a sostegno di Franco, Sarnico ha uno tra di loro che non ritornerà, si tratta di un giovane Faccanoni con la passione per la fotografia, un ragazzo biondo, dolce, con al collo tutto il giorno una macchina fotografica e che assomigliava molto al suo cugino Giusi, quello che dicevamo della seconda villa. Dal nostro paese ne partono diversi per la Spagna; essendo disoccupati lo fanno più che altro per necessità. Sono chiamati le Frecce nere del Gudalajara o anche Legionari all'ombra del tricolor.

«Giovinezza d'Italia più cara

il ricordo in cor vive ancor

dalle Alpi fino al mar

eternamente l'Italia

in piedi grida a voi: presente!»

Al ritorno dei legionari dalla Spagna già si sentono le nuove note di *Faccetta nera*.

Mussolini ormai ha forgiato il suo popolo e quasi tutti cantano:

«Giovinezza

Salve o popolo di eroi, salve

Oh patria immortale son rinati i figli tuoi

con la fede e l'ideale

il valor dei tuoi guerrieri la virtù dei pionieri

oggi brilla in tutti i cuor.

Giovinezza...»

Viene istituito il Sabato fascista ed i Campi dux, s'inizia ad essere Figli della lupa, Balilla, Avanguardisti e Giovani fascisti. Poi c'è da fare il militare e chi vuole può entrare nella milizia fascista delle legioni oppure nell'esercito al comando del re. Da una parte o dall'altra non cambia molto; se non si è graduati, almeno a livello di tenente, essere legionari o soldati vorrà in ogni caso sempre dire essere affamati e pieni di pidocchi. Gli ufficiali invece sempre bei grassi, lustri e pieni di boria. Quando c'è da mettere le mani nel sacco, non mancano mai, all'italiana. Il Fascismo prosegue con i suoi programmi suddivisi in ere: I, II, III, IV, V. Le piccole italiane invece dovranno sfornare i Lupetti. All'oratorio dove c'è una sala del cinema oltre alle farse di Ridolini sono proiettate le pellicole dei videogiornali Luce. Si vede Mussolini a torso nudo intento a caricare i covoni di frumento nella macchina per sgranare, si odono proclami per avere «un posto al sole». L'Inghilterra e la Francia amministrano diverse colonie in Africa, Australia, America Latina, ecc. Gli italiani hanno puntato gli occhi sull'Abissinia governata da Haïlé Sélassié detto Negus.

Dopo una campagna di batti e ribatti d'ingiurie e quant'altro arriva il momento di mostrare i muscoli, ed è così che viene diffuso un bando per chi vuol andare alla conquista di «un posto al sole». I legionari, per la maggior parte giovani disoccupati, aderiscono e sono imbarcati sulle navi con destinazione il continente nero, in particolare l'Abissinia. Incominciano le operazioni di sbarco e assieme a quelli ci sono anche tanti civili partiti per andare solo a lavorare.

Avvengono gli scontri tra milizie italiane e bande abissine. In poco più di un anno la "faccetta nera" sarà italiana.

«Faccetta nera piccola abissina ti porteremo a Roma liberata

e tu dal nostro sol sarai baciata, sarai camicia nera pure te.

Faccetta nera sarai romana e la tua bandiera sarà quella italiana...»

Tutto pare vada liscio, finché non decidono di metterci le sanzioni. Cinquantaquattro nazioni non intratterranno più commerci con l'Italia, solo la Germania ci darà ferro carbone e patate, ed è così che nascerà il Patto dell'asse Roma - Berlino. Patto che poi si estenderà anche a un altro stato dell'Oceano pacifico, il Giappone, e l'asse diventerà il triangolo Roma - Tokyo - Berlino.

In pentola bollono acque sporche e amare, tutti s'insultano, si sfidano, si lavora solo per produrre ordigni di morte; sta per scoppiare quello che nessuno ha voluto evitare! La Germania mette assieme un esercito che pare impossibile da battere. Bisogna sottolineare che al comando di questo c'era una figura che il popolo tedesco seguiva ciecamente, inoltre va aggiunto che i tedeschi non sono gli italiani. Chi non ha visto i mezzi d'armamento di cui disponevano non può immaginare quale fosse la portata della macchina bellica che avevano tra le mani; rigorosamente organizzata, disciplinata e soprattutto estremamente efficace.

Un'isola in Paradiso

In quest'isola non ci sono Santi né personaggi biblici né Giuditta taglia teste, né Ester promotrice di stermino, ma molti ragazzi, quello sì, i quali prima di viver in questo luogo erano dispersi per ogni dove e soprattutto erano completamente ignari di ciò che qualcuno aveva escogitato per loro: uno sterminio di massa! Qui tuttavia sono allegri, spensierati, come quando erano fanciulli, sognatori di un'esistenza piena d'amicizie e solidarietà. Tutto questo ovviamente prima che incontrassero i grandi sterminatori: re, regine, principi, ecc., tutti accomunati nell'eccellere in saccheggi e ogni sorta di prepotenza verso i più indifesi.

Quest'isola è già stata abitata, non si sa da chi, le ricerche archeologiche dovranno comprendere cosa è avvenuto in questo luogo, esaminando le opere e i manufatti che a poco a poco stanno venendo alla luce. La morfologia dell'isola è costellata di piante rosate da frutti e fiori che ricoprono le scoscese vallate, dove l'azzurra bruma mattutina lievemente sale e porta con sé i cinguettii allegri dei giovani uccelli sempre più vocianti.

Da qui si capisce che è passato un fiume, qui sotto vi sono rocce rosse come rubini, probabilmente c'era un lago o un grande fiume. Attenti però, questa pare una capanna, ma ci abita qualcuno? Pare di vedere di sfuggita una gonna color fucsia, ma allora ci sono delle donne?

Sì, le ho viste, stanno invasando dei fiori di color lillà. Titubanti ci avviciniamo, e un attimo dopo uno del gruppo grida: «Anna, sei tu?» La ragazza alza lo sguardo, e dopo un attimo di smarrimento risponde: «Marioooo!» e finiscono per abbracciarsi.

Tutte le verità

son facili da capire

difficile è scoprirle.

Il camino a legna

Sento scoppiettare nel camino
la fiamma rossa ed arancio
insinuarsi nell'oscura gola

Trascinata da fiamma ardente
l'anima mia sale
mentre il mio corpo
si distende e svanisce.

Notte di Luna

Ciao Luna
tu risplendi sempre
io sarò polvere
non potrò più salutarti la sera

Tu farai luce a nuovi amanti
io non potrò più salutarti

Come nave solcherai lo zodiaco
passeggiando sotto la vela
e io non potrò più salutarti.

Risplenderai su Orione

e l'aria sarà gelida
io non sarò più
al camino ad aspettarti
non sentirò
né calore né freddo

Addio Luna
quando il Sol ti abbraccerà
sarà l'ultimo saluto.

Soggiorno Siciliano

All'augel che dall'Alpe allo Scaligero ciel
s'invola il siculo mar
porta teco una nova
Il pensier mio è una rosa

Oh Signore dell'immensità
accompagna il peregrinare
dei miei figlioli
tu ce li hai dati
noi li amiamo
seguili
ti preghiamo.

Lo spirito

Scendi oh spirito
scendi su liquami
che scorrono in vene torbide

Dove svegli passioni ed ire
ed i dogmi non si avverano

Scendi e corri in vicoli tortuosi
in ossa i cui frammenti
dopo secoli ancora
troverai.

~

I fili non tessuti del progresso
Il tombolo immobile
non più pizzi e trini
per sottane mutande e corpini
solo luce che ti abbaglia
numeri che passano
come gocce scroscianti
d'una tempesta che non ha fine.

La macchina delle stelle

Sirio domina l'inverno
da sudest a sudovest

Tutte le notti fredde rincorre Orione
che gelido si stende
come vergine ai raggi lunari

La cintura e la clava
fremono alla guida dei carri

Le pleiadi danzano
mentre il toro minaccioso avanza
e la corrida titanica
con il sorger del sol s'addormenta.

La pietra ed il ramo secco

Piccola pietra
da un artista
innalzata al ciel

Forse astro
tu vagavi ieri
seppur moravi
in umil pascol
ove tu eri

Dove hai iniziato la tua vita
o piccola pietra, forse eri enorme
ma piano piano sei diventata
piccola piccola
e l'artista ti ha dato per sposo
un piccolo giovane ramo secco

Hai così trovato
un compagno per proseguire
il cammino che ti rimane
per dire fine?

Amare sulla Via lattea

Mi trovo a passeggiare sulla via Lattea, distesa al suolo una grande carta del cielo da nord a sud, un'immensità di stelle. Nello stesso tempo sono anche in un prato dai colori autunnali, le foglie del tarassaco quasi ingiallite con una pattina bianca, i fili d'erba ancora un po' verdi, ma una grande quantità di fiori gialli sono ancora splendenti in cima agli steli quasi appassiti.

Transitando in prossimità d'alcune grosse piante di noce, incontro sul sentiero delle persone che conosco e che mi dicono:

– Bisognerà seminare ancora delle noci, così se taglieranno quelle, ne avremo altre che cresceranno.

Mentre penso a dove procurarmi delle noci da seminare, dalla porta a vetri di una grande casa che si trova alle mie spalle esce una giovinetta. Ha una veste azzurra e in testa qualcosa di bianco. Corre verso di me e dopo un piccolo balzo dallo scalino, mi salta al collo dicendomi:

−Ti voglio bene.

Con tanta allegria dentro di me le sussurro:

− Piccina, sei tanto giovane... ma la stringo ugualmente con le mani che le afferrano le gambe appena al di sotto della biancheria più intima.

Ho la sensazione d'abbracciare il morbido e fresco piacere di una bimba, e mentre la stringo continuo a sussurrarle:

−Io sono vecchio, il tuo bene lo devi serbar per un giovane della tua età.

Ma lei mi risponde:

−Tu non sei vecchio, è la tua pelle che è un po' avvizzita, ma dentro sei ancora giovane ed hai ancora tanto bene da dare sia a me che agli altri!

Un languore mi scorre nelle vene mentre mi lascia.

−Ciao ci vediamo, m'accenna, e s'incammina verso quella casa in cui non so cosa possa esserci. Forse delle macchine in lavorazione, ho l'impressione che possano esserci delle persone che ho conosciuto: buone o cattive, amichevoli o meno, chissà.

Mentre spero nella promessa di quel «ci vediamo», riprendo il mio cammino sopra la grande carta del cielo della Via lattea, avviandomi dalla coda dello Scorpione verso sud. Dal Centauro passo perciò alla Croce del sud, dove scorgo una stella molto luminosa: Carina. È nel bel mezzo di questo cammino che incontro un'altra ragazza. Si trova seduta sopra qualche cosa che non distinguo, mi pare di conoscerla e anche lei probabilmente sa chi sono. Credo sia Glorinha, lei infatti mi saluta. Lavorava in quella grande casa piena di macchine che giravano con dei fusi che zigzagavano come piccoli ometti ubriachi. Lavorava su una di quelle macchine che trecciavano, trecciavano, fili a non finire: zic, zac, zic, zac, zic, zac...

Le chiedo:

−Come va, lavori ancora e dove vivi?

– Vivo in una favela dipinta di giallo con il mio compagno, non vado più là, troppo rumore e avevo sempre mal di testa, adesso vado in spiaggia e la sera a scuola di samba.

– E a mangiare? Le chiedo.

– Alza le spalle. Un po' qui un po' là.

– E il tuo ragazzo dov'è?

– In giro, sarà anche lui in spiaggia. Qualche volta lo vedo, mi porta qualcosa, mi bacia, sta un po' con me nella favela, e poi se ne va. Non smette mai di ripetermi: «vedrai Glorinha, prima o poi ti porterò in un grande castello» e poi per due o tre giorni non lo vedo più.

– E tu? Le chiedo.

– Vivo, forse avrò dei bambini, ma non diventerò vecchia, me ne andrò prima.

– E i tuoi bambini come faranno a vivere?

– Loro saranno allora già grandi.

Glorinha

Favela amarela
ironia da vida
que tem a sua favela
passou para l'aquarela
da miseria Colorida

Figura 18   Lino ed Eliano, Sarnico 2012

Il mondo si forma
grazie al pensiero di Dio

Tornando ora ai fatti della guerra...

Mi ricordo che stavano maturando le ciliegie e le fave in quel tempo, che dalle parti della Valle del Liri sono molto buone con il pecorino e la mozzarella. Tutto questo me lo dicevano due romani, Erasmo e Aldo, che avevano avuto la mia stessa sorte di trovarsi nelle file dei tedeschi sul fronte di Cassino. Stando assieme a loro non ti accorgevi del disastro che ci stava precipitando addosso, avevano il senso della comicità e la battuta sempre pronta. Un tedesco un giorno disse ad Aldo: «Prendi quella pala per scavare un camminamento da una piazzola di mitragliatrice all'altra», ma lui scrutandolo sembrava rispondergli: ma chi ti conosce? Il tedesco detestava essere guardato in senso di sfida a quel modo, e a noi veniva da ridere, nonostante lo minacciasse col *pistol machine*. Era come se stessimo giocando dentro una gabbia di leoni, sebbene noi a differenza della frusta del domatore non avessimo nulla, nemmeno un temperino per difenderci.

Ormai da qualche giorno gli scambi d'artiglieria della giornata si erano fatti sempre più intensi, quando una sera di maggio, sulla strada in cui mi trovavo, si riversò una gragnola di proiettili che nonostante facesse poche buche diffondeva schegge a volontà. Io e alcuni altri riuscimmo a metterci al riparo discendendo il pendio del lato della strada e raggiungendo un posto che sembrava meno esposto. Lì incontrai diversi giovani reclutati dalla Repubblica di Salò, ossia che avevano avuto la mia stessa sorte. Eravamo tutti affamati e sulla strada era stato colpito un carro trainato da due cavalli. Risalito a fatica il pendio abbiamo perciò legato la zampa di un cavallo e lo abbiamo trascinato verso il nostro rifugio, facendo ben attenzione a non farci colpire dai proiettili che gli americani assieme ai loro alleati c'indirizzavano. Questi del resto non sembravano aver troppa fretta d'avanzare; forse aspettavano che altre forze più a nord potessero impedire la ritirata tedesca.

Trascinato il cavallo l'abbiamo scuoiato quel tanto che bastasse per prelevargli qualche pezzo di carne, che con un po' di fumo, più che con un vero fuoco, annerimmo. Da qualche parte per caso scovammo anche un pacchetto di sale, e fu così che alla bene e meglio riuscimmo a sfamarci un po'.

La ritirata stava avvenendo nel caos più inimmaginabile. I tedeschi cercavano d'organizzarsi, ma quando un po' di calma ritornava, in un lampo ricominciavano a passare i cacciabombardieri a darci una "spazzolata" con le loro mitragliatrici e a sganciarci ogni tanto qualche bomba, così il caos ripigliava nuovamente il sopravvento e tutti riprendevano a pensare principalmente alla loro pelle.

La catastrofe era ovunque e non si vedeva più nessuna via d'uscita. La strada per uscirne era solamente un miraggio. Si camminava con un fremito dentro che non sapevi cosa fosse e senza accorgerti che magari qualcuno a testa bassa ti stava seguendo. Sembrava al tempo stesso paura, ossessione, tristezza, in quel vedere tutto e niente: un veicolo capovolto con delle scarpe attaccate alle ossa, brandelli di coperte insanguinate attaccate a un palo o sopra una siepe a lato della strada. Una ritirata in cui l'unico pensiero è fuggire. Camion pieni di ferro, feriti, moribondi e vivi senza vita, perché non si sa se l'attimo dopo anche il tuo destino troverà la sua fine.

In quei giorni dopo aver rotto il fronte a Montecassino l'avanzata degli alleati non fu più contenuta. Io mi ritrovai su una strada che proseguiva verso nord con diversi veicoli che la percorrevano e con la speranza di trovare un buon samaritano che si accorgesse del disagio che dovevano subire coloro che proseguivano a piedi. Non potendone più, anche perché era ormai calata la notte, mi fermai sul ciglio della strada dove altre persone erano sedute sul muretto del marciapiede, chi si guardava, aspettava, oppure dormiva. Anch'io decisi di fermare un po' gli occhi e subito rividi le mitragliatrici con le canne rosse incandescenti che per tutta la mattinata avevano gettato fuoco calmarsi solo verso mezzogiorno, tuttavia la relativa calma non doveva trarre in inganno, bisognava rimanere guardinghi, perché dall'alto il pericolo poteva arrivare in ogni momento. Verso sera invece le cannonate di grosso calibro facevano sì paura, ma si temeva meno. Ovviamente se ti scoppiavano vicino, diciamo a 50 - 100 metri, era un boato enorme, e assieme a ciò la tua vita forse sarebbe terminata: *kaputt.* In quei momenti si pensava a tante cose, ma la più presente era il desiderio di tornare a casa, essere libero, di non avere nessuno che ti ordina qualche cosa. Ma solo con la tua borsa tattica, una semplice sacca con due maniglie che l'aeronautica adottava in sostituzione dello zaino, dove potevi andare?

Noi a dire il vero avevamo anche lo zaino, ma il mio era rimasto sul camion in cui erano stati caricati i cadaveri della nostra batteria. Poi è successo quello che accennai: si ruppe il gancio del carrello attaccato all'autocarro e noi che eravamo sopra cademmo per terra, pertanto quello che sostenevamo ci cadde addosso, compresi i corpi dei soldati che erano già morti da tre giorni con tutto il loro liquido che ci colava sulle braccia. Impossibile da descrivere quel breve tempo trascorso sotto i corpi dei tre tedeschi che andavano in putrefazione e che come in un film subito rivivevo appena socchiudevo gli occhi.

Tutto sommato era forse meglio riaprirli gli occhi, ed è così che dalla famosa borsa tattica estrassi una *fünf cents* (cinque centesimi) e me la fumai. In quello stesso momento un automezzo carico di ferramenta, raccolta forse ai bordi della strada che ci avevamo appena lasciato alle spalle, si ferma. È un veicolo tedesco come il suo guidatore e gli chiedo: dove vai? Lui mi risponde: «Bologna, *schnell schnell*, vieni alla svelta». Salgo ma non so dove mettere i piedi, poi a fatica trovo un buco, mi c'infilo e m'addormento. Erano circa le undici di sera e in mezzo a tutta quella ferraglia fatta da cingoli di carri armati, mitragliatrici contorte e ferramenta varia, neanche avevo pensato che in mezzo a tutto ciò sarei potuto persino rimanere intrappolato. Il solo pensiero che avevo invece

era quello di potermi avvicinare al mio paese. Di notte non esisteva il pericolo d'essere il bersaglio dell'aviazione, mentre di giorno
era impossibile sfuggire alle mitragliatrici volanti. C'erano aerei
per tutti i gusti: caccia, cacciabombardieri, bombardieri leggeri,
pesanti, e tutti erano molto attivi nel mantenere "pulite" le strade.
Non so quanto tempo sia trascorso, mi ricordo solo che il tedesco
a un certo punto mi grida che siamo a Perugia. Credo fossimo in
centro, vi erano diverse persone e con alcune riuscii a barattare
una camicia e una maglia che avevo nella borsa tattica con un
pezzo di pane e un po' di formaggio. Il tedesco non so cosa abbia
fatto nel frattempo, io me ne stavo a distanza ma tenevo d'occhio
il camion, mi facevo un giretto ma poi tornavo sui miei passi nei
pressi del mezzo. Verso sera il guidatore si fece nuovamente vivo,
confabulai un po' con le poche parole di tedesco che conoscevo e
compresi che ripartiva la notte stessa. Io risposi solo con un *gut*.

Passati due o tre giorni dalla partenza mi ritrovai così a Bologna,
esattamente sotto i portici, anche se a dire il vero è la città stessa
ad avere questi un po' ovunque. Per caso incontrai una persona
del mio paese che lavorava nell'ufficio di una caserma. Dopo aver
fatto qualche parole di circostanza gli racconto che stavamo andando verso Roma ma l'abbattimento di un ponte da parte delle
forze alleate ci bloccò. Dopo essere rimasto per un po' ai pezzi
d'artiglieria tedesca iniziò il caos che portò alla ritirata. Di tedeschi nel mio viaggio per Bologna non ne avevo visti molti, sulla
strada vi erano solo alcuni carri armati Tigre e dei camion. Le
granate sparse sulle strade quelle, invece, erano molte. Continuai
raccontandogli le mie impressioni sugli alleati: «Credo che non
abbiano molta fretta, forse vogliono tagliare la strada ai tedeschi,
così li tengono impegnati ma senza troppo correre». Gli domandai
poi cosa facesse a Bologna e mi raccontò che aveva una fidanzata
che lavorava in città e con la quale a casa sua e della madre tra-
scorreva molto tempo e spesso si fermava da loro anche a mangiare. Lui mi voleva mostrare il suo rifugio, e nonostante il mio
desiderio fosse di tornarmene a casa al più presto accettai. C'incamminammo così sotto i portici incrociando diversi militari, tra i
quali molti graduati. Io non ero in divisa e indossavo dei calzoni
grigioverdi con le fasce e una giubba da lavoro dell'aeronautica di

canapa color caffè e latte; di certo era anche un po' che non la lavavo, e avevo un po' di timore, ma lui mi tranquillizzò dicendomi che avevano altro sia da pensare che da fare.

I miei timori principali provenivano dall'aver appena vissuto un'esperienza a dir poco tragica: la disfatta prima e la ritirata poi, e ciò non è qualcosa che possa capitare tutti i giorni. Inoltre non mi era nemmeno ben chiara la mia posizione: di chi o cosa ero davvero soldato? Tutto quanto stava avvenendo mi era completamente incomprensibile. C'erano state le sanzioni, la fame, la gente comune era stata la più colpita dalla guerra, senza sapere bene il perché, e ora cosa doveva succedere ancora?

In giro c'erano ancora anche i fascisti della Repubblica, i cosiddetti repubblichini. Si poteva facilmente ancora incontrare anche una pattuglia composta da due giovanotti vestiti con i calzoni lunghi alla zuava, una camicia nera, un *fez* col fiocco e a tracolla il mitragliatore che potevano benissimo chiederti dove stessi andando. E tu cosa potevi rispondere senza documenti, permessi, e nient'altro? Tutto ciò che avevo era rimasto nello zaino e chissà dove era finito dopo 15 giorni di martellamenti d'artiglieria che pareva d'essere in una pentola zeppa di fuochi d'artificio che ti scoppiano senza sosta sulla testa. In una mezza giornata la batteria che mi era stata assegnata composta da quattro cannoni da 88 mm e da due mitragliatrici a quattro canne che avevano sparato consecutivamente per otto ore, fu distrutta. Una gragnola di colpi aveva poi buttato all'aria morti, feriti, carrelli, cannoni, mitragliatrici. La centrale di tiro era diventata un ammasso di ferraglia, e chi si era arrischiato a mettere fuori la testa deve aver visto pur dell'altro, ammesso che sia rimasto in vita per raccontarlo.

Le postazioni di fuoco avevano ricevuto l'ordine d'impiegare tutte le munizioni che avevano accumulato quando avevano potuto ancora approvvigionarsi. Molte munizioni però non erano adatte a essere impiegate contro gli aerei. Erano chiamate d'*infanterie*, cioè si dovevano sparare su bersagli di terra, ma erano molte. Quelli dell'altra parte poi non erano marmotte, inoltre vi erano anche i nuovi "uccelli" che potevano spostarsi verticalmente come libellule, che facilmente ci hanno localizzato e ripagati. Quegli apparecchi li osservavamo tramite i potenti cannocchiali di cui era dotato l'esercito tedesco e che io già conoscevo perché ero abituato ad andare a caccia d'anatre sul lago. Erano cannocchiali Zeiss e a quel tempo erano i migliori in Europa. Io ne avevo adocchiato uno, per portarmelo a casa mi sarei arrischiato anche qualche capello, ma non se ne fece nulla. Gli elicotteri erano difficili da colpire e così hanno trasmesso la nostra posizione e in poco ci hanno "saldato il conto". La batteria n° 59949 non esisteva più. Percorrendo la strada tra Frosinone e Fuggi mi accorsi che tutto ciò che mi era rimasto era solo quello che si era gravato dentro di me in modo indelebile. Di tutto il resto non seppi più nulla, né del camion né dei morti né della mitragliera né del mio zaino, né dei miei compagni di sventura: Monterisi Giovanni di Rodi, Solzi Paolo di Brescia, i due romani: Aldo ed Erasmo, tutto era svanito, e la sorte di quei ragazzi mi rimarrà sempre ignota. Spero ardentemente che tutte le persone che incontrai in quei tempi abbiano però avuto la mia stessa fortuna di poter salvare la pelle.

Proseguiamo camminando verso il luogo in cui il mio compaesano Frank era "appoggiato", la casa della fidanzata e della madre vedova. Il mio nuovo amico mi presenta in casa come se fossi uno di famiglia. Molti soldati nel luogo in cui erano stati assegnati avevano una fidanzata, e non solo per amore, ma anche perché era un punto di riferimento, un alloggio, un po' di sicurezza. Ci sediamo un po' mentre le due donne si danno da fare per preparare qualcosa da mangiare, ma capisco che sono in grosse difficoltà. Per non metterli troppo in imbarazzo gli dico che mi sarei incammino verso la stazione per cercare un mezzo che mi avrebbe portato a Sarnico, ma Frank riuscì a trattenermi dicendomi che mi avrebbe accompagnato lui, anche perché prima avrei dovuto sistemare la mia posizione di soldato. Mi fece capire che avendo abbandonato la batteria nella quale mi avevano "gettato" un piovoso e triste giorno di febbraio, rischiavo d'essere arrestato come disertore. Gli risposi che comunque la mia batteria non esisteva più, ma lui insisteva per accompagnarmi, «Perché tu lo sai, ma quelli che comandano no», mi disse.

Mentre noi discutevamo sul da farsi le due donne erano riuscite a preparare una frittata, non so se avessero usato le uova o chissà cos'altro, in ogni caso l'abbiamo mangiata. Lui poi continuò a insistere, a essere sinceri non troppo, affinché mi fermassi da loro, ma gli ribadii che avrei preferito fare un giro per poter riflettere e prendere una decisione. Verso sera dopo il tramonto, ma essere al buio era sempre molto meglio e con un po' di tremarella pensando a quello che mi aveva detto Frank, mi ritrovai su un treno nella cabina del frenatore di un carro. Guardai nella mia borsa e mi accorsi di avere ancora una decina di *fünf cents*, cosicché una finì subito in bocca e accendendola cercai di tranquillizzarmi pensando a casa mia, non tanto perché fosse una reggia, nonostante noi la chiamassimo la Baia del re, ma era sempre il luogo dei miei affetti.

Gli appartamenti dove abitavamo, era un modo gentile chiamarli così, erano stati ricavati alla belle meglio da alcuni locali usati in precedenza da un cappellificio. Erano stanzoni alti tre metri e mezzo nei quali si gelava d'inverno ma che essendo vicini al lago, il clima d'estate era una meraviglia. Di fronte c'era un molo che degradava fino al livello del lago, costituito da un interramento circoscritto da un muro di pietre e che si trovava non molto distante dalla nassa del Cuchela. Da questa lingua, è così che la chiamavamo, quando il pescatore veniva a svuotare le sue reti piene d'anguille, queste mi parevano talmente vicino da poterle toccare.

Su quel treno che andava verso il Brennero, mi era perciò venuto da pensare a quelle grasse anguille che erano scaricate dalla barca con la carriola per essere portate alla Cooperativa dei pescatori in Tresanda. Mia madre in genere il venerdì ne metteva una in una padella e via nel forno assieme alle polpettine di pane con formaggio, aglio, prezzemolo e il tutto accompagnato da tanta polenta a non finire.

Se dovessi raccontare la storia della casa a Paratico sarebbe probabilmente infinita, una sorta di tragedia di quei tempi. Ricordo quando ancora a Sarnico ci si alzava di notte per prendere la carretta del Moleri e caricare materassi di lana, credenza e altro da portare presso il Giulio Zucchetti, un commilitone che aveva fatto un anno di trincea sul Carso con mio padre. Giulio aveva una stanza libera e noi portavamo lì ogni giorno le nostre cose per paura che l'usciere ce le sequestrasse. Era per sopperire alle tasse che non riuscivamo a pagare che c'eravamo trasferiti a Paratico, infatti nella provincia bresciana, a diversità di quella bergamasca, non si pagava una particolare tassa detta della ricchezza mobile. Papà faceva il sarto e in quegli anni in cui imperversava una crisi spaventosa eravamo in sei in famiglia. In sartoria si lavorava poco e i soldi per pagare le imposte non avanzavano mai. Addio *belle époque*. Alla Gran baita affamati c'erano una ventina di ragazzi che mangiavano solo polenta e aceto. Poi a dire il vero la "misericordia" non mancava, difatti lì vicino c'era un deposito dei carri della ferrovia e tutti ci arrangiavamo come potevamo. Carbone e ferro non mancavano, e tutto sommato le crisi servono anche a questo: stimolare l'ingegno!

Me ne stavo con la mia sigaretta in bocca sul quel treno quando intravidi ondeggiare un chiarore venire nella mia direzione. Cercai di rannicchiarmi un po' per non essere visto ma in un baleno la lanterna di un manovale delle ferroviere che stava ispezionando i carri mi si stagliò davanti. Mi guardò alzando la lanterna e mi disse bonariamente:

−Lo sa che lei non può stare qui?

Io risposi che ero lì perché non sapevo dove andare, non avevo soldi per il biglietto, non conoscevo nessuno e soprattutto volevo tornarmene in fretta a casa.

−Dove abiti? Mi chiese.

−A Bergamo.

−Ma questo treno va a Bolzano e non passa per Bergamo.

−Lo so ma mi arrangerò (in quei giorni era quello che facevano tutti), e poi vengo da Montecassino e tornare indietro non posso, là hanno rotto gli "argini" e a giorni vi troverete in casa gli americani, speriamo!

Ma lui insistette:

– Senta, qui però non può stare, adesso vado a parlare con il ca-
potreno e vediamo se possiamo farla viaggiare in carrozza.

Rassegnato scendo e lo seguo, solo che ad un certo punto il treno parte e allora in fretta quello mi apre la porta di una carrozza e
mi fa salire: piena zeppa di soldati ed ufficiali tedeschi! Se non
prendo un colpo in quell'istante di certo ci vado molto vicino!
Come un pesce fuor dall'acqua trovo un posto e mi siedo. Guardando fuori dal finestrino non si vedeva nulla, era notte, c'era
l'oscuramento e neppure la luna si scorgeva. Il treno finisce per
mettersi in moto: *tlam, tlam, tam, tatam...* e via verso il nord. Mentre mi sistemavo e cercavo nuovamente di tranquillizzarmi asso-
pendomi un po' un pensiero m'assalì: essere ritenuto disertore!
Dovevo assolutamente evitare le ronde che certamente erano alla
ricerca di sbandati come me, perché in fondo anch'io lo ero, tuttavia mi chiedevo: cos'avrei potuto fare di diverso quando erano
tutti sbandati quelli che avevano avuto la mia stessa sorte?

Era quasi mattino e nonostante non si scorgeva ancora l'alba la
si percepiva nell'aria. Per un convoglio su una traiettoria di transito principale era difficile non essere individuato da qualche aereo, e quelli facevano paura a tutti. In quel mentre scorsi una pattuglia di tre repubblichini dei quali uno sulla divisa esibiva un nastro rosso ed arancione, o almeno i colori mi parevano quelli, assieme ad un fiocco nero, mentre gli altri due erano armati di fucile
mitragliatore, di quelli con il copricanna a fori in dotazione all'e-
sercito italiano; non so proprio cosa ci facessero là in mezzo a tutti quei tedeschi. Arrivano dal fondo del vagone, io finsi di guardare dal finestrino, ma uno mi "puntò" e mi disse:

–Tu!

Io lo guardai facendo finta di non capire, ma lui continua:

–Dove stai andando?

Decido che la cosa migliore sia la verità:

–Vado a casa dopo quasi cinque mesi di fronte, ne avrò ben il di-
ritto!

Ma mi rendo subito conto che non ne esistono di diritti. Lui allora mi chiede:

–Hai un documento?

–No, rispondo, vengo dalla ritirata di Montecassino.

Nel sentire quel nome i tedeschi rizzano subito le orecchie. Lui mi fa raccontare cos'è accaduto, pareva proprio che nessuno sapesse che c'era stato lo sfondamento del fronte, e sì che erano già trascorsi circa tre giorni. A quel punto i repubblichini mi fanno alzare e mi chiedono di seguirli.

Dopo circa un quarto d'ora però suona una sirena, il treno rallenta, si ferma. Tutti allora ci sporgiamo dai finestrini e scorgiamo in alto le formazioni di aerei degli alleati. Non erano caccia, si capiva dal frastuono: *vooom, vooom, vooom...* Difatti più "o" c'erano in quel *vooom* e più voleva dire che erano carichi di bombe. Transitando sul fianco destro del treno erano probabilmente diretti a Verona o forse a Milano. Credo fossero stati bimotori, e per questo non avrebbero oltrepassato le Alpi.

Nella carrozza c'era un silenzio irreale. Il color cenere della paura era ben affisso sulla faccia di tutti, compresi i miei nuovi "angeli custodi". Dopo un po' questi m'informano che dovrò andare con loro, e poi aggiungono: «E vediamo se quello che ci hai raccontato è vero!» Il treno riprende la sua marcia fino a che si ode lo stridio dei freni, e qualcuno dire che siamo a Verona. «Ora scendiamo», fa allora quello col fiocco che pareva avere il comando. Usciamo dalla stazione e su un camion con altri militari vengo fatto salire anch'io. Lì tutti raccontano la loro storia e anch'io racconto la mia, ma mi accorgo che mi fissano come un fantasma, non so cosa avessero veramente capito. Alla fine ci portano in un paesello chiamato Piazzola del Brenta, all'interno di una grande villa con un fossato tutto attorno al suo giardino e nella quale vi era una moltitudine di soldati della Repubblica, ossia un concentramento di ragazzi che erano stati costretti, come il sottoscritto, a presentarsi nei vari distretti dove erano stati vestiti con qualche divisa e spediti qua e là senza armi, senza niente, praticamente venduti ai tedeschi. Avevano capito che da quella marmaglia, poco più che ragazzini, non c'era molto da tirar fuori, e vedremo il perché: cercavano tutti di svignarsela! Erano giovani reclutati con il bando della Repubblica di Salò, dai 19 ai 20 anni. Tra questi potevano anche essercene alcuni più anziani, ma per lo più sergenti o marescialli, a cui era toccata la medesima sorte di quelli delle ultime classi precettate. Infatti i più anziani che erano riusciti a raggiungere le loro case, tipo quelli delle classi tra il 18 al 23 che avevano assolto la leva nel Regio esercito, se ne guardavano bene di rispondere al bando RSI, cosicché le classi più colpite furono appunto quelle del 24 e del 25, cioè i più giovani per la prima volta chiamati alle armi.

La gioventù poi si sa, è sempre più irrequieta, inoltre correva voce che ci avrebbero portato in Germania per un periodo d'istruzione, la cosa non era molto chiara, così chi trova un buco nella rete di recinzione della villa si getta nel canale che non è nemmeno troppo largo, tre o quattro metri, e se la svigna. Non tutti però riescono a sfuggire alla rete di sorveglianza. Fuori ci sono pattuglie di repubblichini e tedeschi che fanno la ronda. Se li prendono li portano in una stanza adibita a prigione, ed una volta alla settimana ne prendono tre o quattro e gli fanno un processo sommario con una specie di corte marziale composta da un paio d'ufficiali italiani e tre o quattro tedeschi che emettevano la loro sentenza. Nel periodo in cui sono stato là, una decina di giorni, per un paio di volte se ne sono andati a Padova con due o tre di quei ragazzi da fucilare per diserzione.

Quando ciò accadeva, il mattino presto, un sergente italiano e un paio di tedeschi passavano nelle camerate per far alzare dalla branda una decina di ragazzi - soldato. Li facevano salire sui camion e li portavano ad assistere allo "spettacolo" della fucilazione al campo sportivo. Là legavano i condannati a un palo, gli bendavano gli occhi e finivano scaricandogli addosso il piombo dei loro moschetti. Tutti quelli che per forza avevano dovuto assistere al macabro rituale, ritornavano esterrefatti a raccontare agli altri l'accaduto. Era un modo per far passare la voglia di scappare, tuttavia non passava mattina che qualcuno se la svignasse, magari approfittando della minor sorveglianza dovuta ai giorni di fucilazione.

Erano passati solo due giorni dagli ultimi avvenimenti di Padova che in rinforzo arrivarono due o tre squadroni di soldati tedeschi. Questi con le loro armi ci misero in fila per due e affiancandoci sulla destra assieme ai repubblichini alle camice nere sulla sinistra, marciammo da Piazzola del Brenta fino a Bassano del Grappa. Lì alla stazione era ferma una tradotta con una ventina di carri bestiame. Volenti o nolenti, assieme a qualche cavallo e in una quarantina d'uomini per carro, ci obbligarono a salire. Là dentro lo spazio era davvero poco e così cercai d'ingegnarmi. Presi una coperta la legai ai due capi con una corda e la tirai da un finestrino all'altro. Con quella specie d'amaca almeno ero sollevato dal pavimento. Nel caricarci i malumori però montarono parecchio, e sia i tedeschi che gli altri ci puntarono il mitra pronti a colpirci. La rabbia era ben palpabile e la repressione in qualche vagone degenerò, anche se non ho mai saputo cosa sia veramente accaduto, qualcuno deve però averla passata veramente male. Poi tutti i vagoni furono chiusi con quella terribile porta scorrevole e i suoi temibili chiavistelli, che non lasciavano scampo.

C'era molto buio all'interno dei carri. Qualche immagine la si poteva scorgere solo sbirciando dal finestrino. Ciò che ci stava succedendo era l'avverarsi di quanto era nell'aria, difatti da quando le fughe erano aumentate anche le voci che ci avrebbero portato in Germania avevano preso sempre più consistenza, ed era proprio ciò che ci stava succedendo.

Dopo qualche ora dall'imbrunire dentro il vagone non si vedeva più nulla. Qualcuno per fortuna aveva una candela e l'accese. Altri ispezionavano il carro per cercare di scovare un punto debole dove poter scassinare qualche asse, ma non si trovò nulla, anche a causa del buio. Mugugnando si cercò poi per la cena nei propri zaini o nelle proprie borse, e ognuno riuscì a scovare qualche cosa da mettere sotto i denti.

Tornando invece a quando mi avevano portato nella villa di Piazzola del Brenta, nell'arrivare non mi accorsi di quanti ragazzi là fossero stati radunati. Fu solo quando ebbi terminato l'interrogatorio che mi resi conto di non essere il solo ad aver fatto l'ingresso in villa quel giorno. Al cancello dell'entrata notai i picchetti di guardia dei tedeschi e degli italiani, e questi li trovai pure nell'ufficio in cui mi fecero l'interrogatorio. Uno alla volta mi posero le loro domande alle quali risposi con la mia versione dei fatti, ne presero nota e mi dissero: «Domani vedremo». «Va bene», risposi, ma non ero per nulla tranquillo! Quei signori avevano l'aria di non promettere nulla di buono, e quando è così, si è facilitati a pensare il peggio.

Dopo aver atteso un po' arrivò un sergente italiano che mi apostrofò: «Tu vieni con me!» Io lo seguii, attraversammo un giardino con delle vasche piene d'acqua ed entrammo in villa. Salimmo le scale e trovammo dei saloni con delle brande, una di queste mi fu assegnata. Dopo aver depositato le mie cose, cercai di sistemare anche le idee. La prima era quella di trovare il modo di mangiare qualcosa. Mi guardai attorno in cerca di qualcuno che mi potesse dare un suggerimento, ma non si muoveva nulla. Allora mi allungai un po' sulla branda di ferro e tela finché senti dei passi e una voce: «Berghëm!» Sapevano già che ero bergamasco. Erano due ragazzi, uno dei quali persino del mio paese. Antonio era il suo nome, figlio del Doro, ma noi a causa di quella lunga che portava preferivamo chiamarlo barba. L'altro invece era di Trescore e si chiamava Luigi Agnelli. Antonio mi chiese se avevo fame, perché in quei casi è sempre la cosa più importante per tutti. La mia risposa era perciò scontata, e lui allora mi disse di seguirlo che avevano appena portato la zuppa. Entrammo in un salone e su un tavolo trovai tante gavette, alcune vuote e altre piene, mi fecero sedere e ne presi una con dentro una bella zuppa con i maccheroni, quelli col buco. Gli chiesi se loro avevano già mangiato, ma non mi risposero, in compenso appena avevo finito mi dissero di raggiungerli che mi avrebbero aspettato sulle scale.

Fu solo dopo che mi confessarono che le minestre in quelle gavette erano di qualcuno che era andato con i tedeschi al fiume a cavare la sabbia. Era un lavoro che a turni facevano fare ai militari italiani. Io non feci a tempo a svolgerlo perché nel frattempo avevano già avuto un'altra idea, ed era per questo che con destinazione la Germania, zitti - zitti e ammassati nei carri bestiame ci trovavamo tutti, ma per far cosa?

Si pensava che il conflitto fosse ormai alla fine, ma non ci si spiegava perché gli alleati ormai vittoriosi avessero arrestato l'avanzata. Una tradotta che andava in Germania era lo spauracchio di tutti. Si era a conoscenza dei *lager* e dei bombardamenti che le città tedesche stavano subendo, in più anche il treno stesso era un facile obiettivo per gli aerei, e il non riuscire a vedere all'esterno in noi aumentava ancor di più l'angoscia.

La prima fermata fu nei pressi di una cittadina austriaca. Sulla banchina della stazione avevano sistemato dei barili e noi ci chiedevamo a cosa servissero. Abbiamo visto in seguito che erano pieni di zuppa, pertanto preparammo le gavette ma quelli ci misero dentro un minuscolo mestolo di sbobba. Difatti mescolandola non si trovò nemmeno un fagiolo o una piccola patata, era fatta solamente con farina integrale di lino. Quella pappina solo vederla faceva un ribrezzo, ma dopo un giorno di viaggio tutti avevano fame e sete. Cominciai ad assaggiarla e con un po' di buona volontà la buttai giù, infatti non sapevo quanto il viaggio sarebbe durato ancora. Quelli avrebbero anche potuto portarci a scavare delle trincee verso la Russia; insomma, avrebbe potuto anche mettersi peggio pensavo e intanto che si poteva bisognava fare il possibile per non deperire troppo.

Nei carri del resto si riteneva abbastanza scontato che la nostra destinazione non sarebbe mai stata un luogo di vacanze. Per quella pappina alcuni miei compagni di viaggio iniziarono però a protestare, inoltre c'è stato anche qualche furbo che ha pensato bene di scaraventarla sui muri della stazione. Una sommossa si è generata, ma in fretta e furia con le armi in pugno e richiudendoci nuovamente nei carri ci hanno rimesso sul treno.

Viaggiammo ancora per un giorno raggiungendo delle baracche, a questo punto la tradotta si fermò e in piena notte sotto la pioggia ci fecero scendere. Dopo averci diviso in squadre di una ventina di persone entrammo in quei ripari. Lì trovammo dei letti a castello senza materassi, nell'insieme ci si poteva almeno muovere, vi erano poi degli spazi per i bisogni con delle assi distese sopra un fossato: ti accovacciavi e facevi quello che dovevi fare, e anche dei lavandini per darci una ripulita trovammo.

Quando tutto fu apposto cercammo di trovare un giaciglio, ma a questo punto arrivò un tedesco che urlando ci riportò fuori sotto la pioggia. Nei paraggi c'era un campo inzuppato le cui pozzanghere riuscivano però a riflettere almeno uno spicchio di luna. Altri lumi non se ne vedevano, l'oscuramento era totale. Il tedesco continuava a sbraitare ma nessuno capiva, alla fine comprendiamo che dovevamo buttarci per terra e a carponi avanzare con i gomiti. Questo trattamento si protrasse per circa un'ora, eravamo sfiniti. Ci aveva fatto digerire quella zuppa che alcuni di noi avevano spiacciato sui muri della stazione. Abbiamo poi saputo che il tedesco in effetti era un bolzanino, che desiderava ardentemente mostrarci tutta la sua simpatia.

Si diceva che quelle baracche si trovassero nei pressi di Wuppertal e a tutt'oggi non so precisamente dove sia. Dopo un sonno che solo a quell'età si può fare, ci diedero la sveglia: «*Stehen - stehen, schnell - schnell*», in piedi alla svelta. L'indisponibilità che ci caratterizza rese però i tedeschi subito indispettiti. Iniziarono così ad impartirci ordini che non capivamo, creandosi una piccola babilonia. Com'era loro abitudine ci rimisero in fila e un ufficiale iniziò la sua predica. Continuando a non capire nulla però quasi tutti ridavamo, cosicché lui si arrabbiò sempre di più. Passarono diversi minuti finché arrivò un *dolmetscher*, un interprete, e ci fece capire che saremmo stati divisi in gruppi per andare a rimuovere le macerie nelle città bombardate. Io e Luigi, l'altro bergamasco, temevamo perciò d'esser divisi.

L'interprete invece non mi era estraneo, lo avevo conosciuto quando eravamo nelle batterie di Montecassino, lui era partito prima che iniziasse la ritirata. L'avevo salutato dicendogli arrivederci, ma lui mi rispose che non ci saremmo più rivisti. Invece il destino volle che lui era lì e io pure. Gli dissi che il mondo non era poi così tanto grande e che quell'arrivederci si era dimostrato adeguato. Lui temeva d'essere spedito in Russia, perché a quel tempo le cose a Stalingrado non stavano andando molto bene, i sovietici difatti avevano iniziato a scendere verso ovest.

Assieme alla speranza di qualche evento inaspettato le notizie di Radio Scarpa erano sempre nei nostri discorsi. Si sapeva che gli americani stavano preparando lo sbarco in Normandia e con ciò si sperava che la guerra potesse terminare in fretta, anche se in effetti non era così scontato. Ci si augurava pure un attentato al *Fürer*, ma questo desiderio rimase sempre infondato. Quando ti arrischiavi a domandare a un tedesco quando tutto sarebbe finito, lui ti proponeva la solita filastrocca: «Noi possediamo un'arma segreta e con una sola bomba vinceremo la guerra», e chi ci credeva? Ma loro s'inorgoglivano continuando: «... e sarà tutto fuoco!»

Dopo qualche giorno ci trovammo con una squadra di tedeschi dotati di alcuni camion. Avevano il compito di realizzare le linee telefoniche per collegare i posti d'osservazione dell'esercito ai comandi delle città. Tale lavoro consisteva nel tagliare degli alberi d'abete per farne dei pali a sostegno dei fili di rame. Vi erano diverse squadre come la nostra. Dopo aver individuato un albero adeguato con una sega a mano s'iniziava a tagliarlo, dopodiché alla base e nella direzione dove si desiderava che cadesse si faceva un incavo, si continuava a segarlo dall'altro lato finché questo si piegasse e stramazzasse a terra. Spogliato dei rami il fusto lo si portava poi fuori dal bosco dove avevamo già preparato una buca in modo da inserirlo ed erigerlo. La buca era profonda tanto quanto serviva al palo per rimanere ritto, in proporzione venti centimetri ogni metro di fusto, questi al massimo era alto circa dodici metri.

Ci trovavamo nel triangolo Fulda - Gera - Jena, qui era già stata realizzata un'autostrada che collegava queste città, tuttavia le strade erano quasi sempre tutte deserte. Il nostro gruppo si spostava spesso. Un mattino all'interno di un bosco di conifere, sentimmo una sorta di vento caldo e un rumore assordante simile ad un forte sibilo. Erano proiettili che assomigliavano a siluri e che fischiavano a forte velocità sopra le nostre teste. Non erano bombe sganciate dai quadrimotori americani, partivano dal suolo verso il cielo ed erano completamente diverse da quelle che ci capitava vedere abbattersi sulle stazioni ferroviarie quando si doveva andare a scaricare i rotoli di filo di rame che ci servivano per le linee telefoniche. Compresi col tempo che si trattava di razzi V1. Invece il filo di rame che prelevavamo nelle stazioni possedeva un diametro di tre millimetri e ogni bobina pesava all'incirca ottanta chili. Adagiavamo queste su apposite portantine e le caricavamo sui camion.

Recarsi nelle stazioni ferroviarie era sempre molto pericoloso, infatti se arrivavano le Fortezze volanti riversavano tante di quelle bombe che trasformavano la fisionomia del luogo, con tante di quelle buche e con carri e carrozze scaraventati persino fuori dalla stazione. In alcune città, oltre ai consueti scantinati vi erano anche dei rifugi costruiti in cemento armato e con la parte superiore fatta ad arco, come fossero dei capannoni e i cui muri erano spessi una cinquantina di centimetri. All'interno, tra un muro e l'altro, vi erano due o tre metri di larghezza e si delineava come una specie di labirinto nel quale si poteva prendere posto anche seduti. Resistevano bene e con i miei compagni ci sono stato parecchie volte. Certo, anche all'interno di queste casematte la paura era sempre tanta. La gente che si trovava là dentro era sempre spettrale e quando si sentivano le bombe cadere nelle vicinanze, si temeva sempre il peggio, ossia che il "tempio - rifugio" non fosse in grado di reggere al peso e alla potenza degli ordigni che gli si potevano abbattere addosso.

Raccontare così un bombardamento a tappeto compiuto da quegli "uccellacci" potrebbe sembrare anche una cosa innocua, da liquidare con un'alzata di spalle, tuttavia bisogna solo sperare che non capiti a nessuno di viverlo in prima persona, perché se per fortuna la vita ci è rimasta salva, non è detto che anche la nostra lucidità mentale avrà potuto seguire lo stesso corso.

Il brivido che si prova in quei momenti sembra farti fermentare tutto il corpo, e se quel brulichio interiore non produrrà da subito i suoi effetti, ti seguirà comunque sempre e prima o poi non potrai più sfuggire alle depressioni nervose causate da ciò che i tuoi nervi hanno dovuto subire, sprigioneranno chissà quale tipo d'oscura schizofrenia. Forse anche per questo prima di giudicare per la sua ferocia un fatto che ci sembra incomprensibile, bisognerebbe cercare di capire cosa nel suo passato ha dovuto subire la psiche di chi l'ha compiuto.

Trovarsi nelle stazioni delle grandi città era sempre un'esperienza molto stressante, questo anche se non erano sorvolate dagli aerei, dato che da un minuto all'altro la situazione poteva radicalmente cambiare; inoltre era sempre piuttosto difficile riuscire ad orientarsi tra tutte quelle macerie. Una volta in cui ci trovavamo in una piccola località ai confini della Polonia, dopo che giunti in formazione come grosse nuvole gli aerei avevano sganciato le loro bombe, eravamo usciti dal rifugio e ci siamo ritrovati in mezzo a tanti fantocci, tali ci parevano. Erano corpi saltati in aria durante il bombardamento, cadaveri di un cimitero che le bombe avevano dissotterrato. Sembravano tanti pupazzi perché erano piuttosto vestiti e con tanti capelli lunghi e biondi.

La nostra opera continuava: tagliare alberi per farne dei pali, portarli all'esterno del bosco, fare delle buche per metterli dentro e issarli. Poi passavano le squadre di tedeschi che fissavano all'estremità dei pali e stendevano tra loro i quattro fili di rame della linea telefonica. D'inverno quando da est scendeva il vento gelido e non si riusciva a stare in piedi senza un riparo, si faceva una buca simile a quella che scavavamo per piantare i pali e ci rifugiavamo dentro.

Un giorno del 1944 appena prima di Natale si era diffusa la voce che qualcuno in lontananza aveva sentito delle cannonate, probabilmente scambiate con i sovietici, anche se in effetti questi erano ancora lontani. Cercavamo d'informarci della situazione da qualche civile, ma la gente in giro era poca. A differenza del mese precedente era ormai divenuto difficile incontrare qualcuno, mentre allora le strade erano state affollate da genti con carri e masserizie che transitavano in continuazione. Scappavano dal possibile arrivo dei russi. Avevano paura, terrore che arrivassero all'improvviso, così si mettevano in fuga. Credo che la speranza di fermare l'Armata rossa fosse ormai svanita. I profughi erano tanti; con carretti a quattro ruote trainati da cavalli o anche più piccoli sempre a quattro ruote ma questa volta trainati da donne. Dicevano di scappare dai bruschi, non so a quale lingua appartenesse questa parola, ma non potevano che essere i russi.

I venti freddi provenienti da est si facevano sempre più insistenti e dove ci trovavamo, in una grande pianura coltivata a patate e grosse bietole, non trovavano molti ostacoli. C'erano parecchi mucchi di quei tuberi nei campi, ne sotterravano la metà sotto il livello del terreno e l'altra metà, che rimaneva sopra, la coprivano con diversi strati di paglia alternata a terra. Dovevano resistere al freddo, più precisamente al gelo. Quel modo di conservazione ci è stato di grande aiuto. A gennaio, quando tutto era gelato e la temperatura arrivava di notte fino a –30°, con l'aiuto della luna si andava a cercare, illudendo ovviamente la sorveglianza, i famosi mucchi per farci un buco ed estrarre qualche patata per calmare un po' la fame che non mancava mai. Era sì un grande rischio, perché se ci prendevano interveniva la Polizei, e quelli che venivano "pescati" non si vedevano più, si diceva che li portavano a Santa Maria, la prigione. La nostra fortuna, nella sfortuna, era che il mio gruppo composto da metà italiani e metà tedeschi invalidi per il fronte si trovava sempre in movimento, a tal punto che mi è piuttosto difficile precisare i posti da cui siamo passati. Nei vari luoghi ci si fermava solo un giorno o due, la notte la passavamo sotto il portico di qualche casa dove piazzavamo il nostro telo e un po' di paglia per farci un giaciglio. Il mattino prima dell'alba ci svegliavano e come colazione ci davano un surrogato di caffè fatto con foglie di faggio e radice di cicoria; lo zucchero l'avremmo messo volentieri, ma non c'era, e così con un po' di fantasia poteva anche sembrarti buono, in ogni caso era qualcosa di caldo.

A metà dicembre ormai non ci si poteva più nemmeno lavare il viso e fuori dalle abitazioni era tutto ghiacciato. Alla sera terminato il lavoro ci davano un po' di respiro e come cena un pane di segala dalla forma di un parallelepipedo, ricordo bene ancora anche le misure: 25x12x10 cm che dovevamo dividere in sette, un *wüster*, appena un po' più lungo del dito medio di una mano e una zolletta di zucchero. A mezzogiorno invece era sempre zuppa di farina di lino con due pezzi di patate e qualche fetta di rapa, e per finire tre sigarette a testa, le famose *fünf cents*.

Un mattino ci dissero che quello sarebbe stato un giorno speciale perché saremmo andati in un luogo dove ci si poteva lavare e spidocchiare. A proposito di quest'ultima strana attività bisogna dire che allora era una nostra abitudine ricorrente, ma è stata anche una sorta di salvavita, e ne spiegherò il perché. Con una latta rotonda che avevamo adibito a pentola dicevamo ai tedeschi che avremmo fatto bollire le magliette per sterilizzarle dai pidocchi, ma assieme alla biancheria aggiungevamo anche qualche patata rimediata in quei famosi mucchi dei campi. Praticamente la scusa dei pidocchi, che non era nemmeno tanto una scusa, assieme a quei tuberi, ci hanno permesso di salvarci da una fame che poteva avverarsi fatale. Per questo oggi non ci penserei due volte a dedicare un bel monumento alla patata, che in quei tempi bui ha trattenuto un bel po' di gente sulla terra.

Il mattino "speciale" ci radunarono e ci dissero di prendere con noi tutto quello che avevamo: abiti, maglie, coperte e mettere tutto in un telo sul camion. Il luogo in cui eravamo poteva essere nei pressi di Breslau, l'attuale Wrocław, non si sapeva mai esattamente dove ci situavamo, quasi fosse un segreto. Arrivati dove dovevamo lavarci ci accorgemmo che era un campo di prigionia. In cima alle recinzioni vi erano i reticolati e noi incominciammo ad agitarci: il posto non era affatto rassicurante! Alla sinistra del cancello d'entrata vi era una casupola con delle guardie e più avanti diversi capannoni scuri e senza finestre con ammassi di fili elettrici e reticolati un po' dappertutto. Mi guardai attorno ma c'erano solo due uomini con la fascia al braccio stampigliata dal simbolo dell'aquila e della croce uncinata. Uno aveva in mano una latta e l'altro un pennello ed entrambi ci fecero cenno d'entrare nei capannoni: «*kommen, kommen*» ripetevano. Poi c'indicarono l'ingresso e a quel punto iniziarono a levarsi i malcontenti e chiedemmo: «*Was ist das waschen?*» Volevamo sapere che tipo di lavaggio ci avevano organizzato! Dopo la prima porta presso un vano dal quale non si vedeva ancora nulla di ciò che c'era dopo, i tedeschi che vi si trovavano con modi sbrigativi però c'intimarono di spogliarci. Dopo aver disteso per terra due grandi teli a gesti ci fecero capire che dovevamo lasciarci sopra i nostri indumenti, infine aperte prima una e dopo l'altra le porte d'accesso al capannone, nudi ci infilarono dentro. Da cima a fondo sopra le nostre teste correva un tubo con degli spruzzini simili a quelli delle docce.

Nell'attraversare le porte i due, quello con la latta piena di creolina e l'altro col pennello ci diedero una passata sulle parti intime e sotto le ascelle, e quando alla fine ci trovammo sotto le docce: speriamo ardentemente che esca l'acqua! È un momento di paura, temevamo che al posto dell'acqua potesse uscire il gas. Infatti si era già al corrente dei "giochetti" che quei signori erano soliti fare, perché seppur non sempre se ne può avere le prove, in ogni caso le notizie negative circolano sempre con più facilità delle altre, ed è probabilmente anche per questo che non si smette mai di temere che possano capitarti.

Un attimo col fiato sospeso ed evviva: esce l'acqua!

I vestiti quelli invece li avevano messi in una caldaia a vapore alla temperatura di un centinaio di gradi. Li abbiamo ritrovati poi all'uscita del capannone ben cotti, e per nulla stirati. Tutti alla ricerca dei propri abiti, che comunque ognuno ha ritrovato, e via, rimessi sui camion. Non si poteva commentare molto l'accaduto con quelli perché erano piuttosto permalosi, in ogni caso senza tante parole ci si poteva ugualmente intendere, e ciò che fu ben chiaro è che l'avevamo scampata bella.

Alla fine di dicembre freddo e vento non avevano ancora intenzione di fare una pausa. Eravamo vicini a un borgo, forse Cosel, a fare le solite buche quando il mio amico Luigi mi fa: «Senti anche tu il suono di un piano?» Non tanto lontano difatti c'era una casa di campagna e facendo attenzione capii che veniva da là. Era una casetta delle bambole, a volte nelle fiabe se ne vedono del genere, tuttavia quella non era solo il frutto dell'immaginazione. Vicino infatti c'era anche una buca maleodorante, zeppa di letame, e dietro la casa una piccola stalla con due mucche e un cavallo che brucavano il fieno sporgente dai legni di una mangiatoia.

Mentre facevamo questa scoperta scorgemmo una ragazza della nostra età con un grembiulino bianco, anch'esso da fiaba, la quale vedendoci non pensò affatto di scomporsi. Noi non sapevamo co-

sa dire, cosa fare, le poche parole che avevamo imparato dai nostri "angeli custodi" tedeschi servivano principalmente al rappor-
to che avevamo con loro: *arbeiten, boden, essen,* ecc. Luigi, che a-
veva sempre fame allora azzardò: «*Bitte essen?*» E lei rispose:
«*Ja*».

C'invitò a raggiungerla sull'uscio della casa e da lì ci accorgemmo che all'interno vi era un'altra donna, forse la sorella, era lei
che suonava. Silenziosi e meravigliati entrammo. La casa era ar-
redata proprio come quella delle fiabe, con tendine ricamate e
pizzi un po' ovunque: sui tavoli, mensole, ecc. Invitandoci a sedere ci fecero capire di non avere tanto pane, però assieme ad una
tazzina di qualche cosa dal color camomilla, non so dire cosa fosse ma comunque qualcosa di buono, posero sul tavolo anche dei
pasticcini spruzzati con dei piccoli semi neri. Cercando di supera-
re l'imbarazzo che regnava e aiutandomi con i gesti chiesi chi fosse a suonare, e pure Luigi sempre con i gesti aveva fatto comprendere che gli sarebbe piaciuto sentir cantare. Allora una delle
due si sedette sullo sgabello e intonò qualche nota dicendoci:
«*Singen!*» Aveva probabilmente capito che eravamo italiani.

Ma nessuno cantava, allora dopo aver gustato quegli strani pasticcini fui proprio io a intonare un verso. Mi uscì spontaneo e con
nessuna tonalità definita, e allora ripetei: «Tutte le sere sotto il
mio balcone sento cantar una canzone d'amor...» La donna al pianoforte, chissà come, ha capito di cosa si trattasse. Era una canzone che cantava spesso mia madre, il cui titolo era *Musica proibita*
di Leon Cavallo. Non so sino a che punto l'ho cantata, ma il mio
amico Luigi e le due donne alla fine hanno fatto un tal battimano,
che non credo di averne mai ricevuto uno simile in vita mia.

Senza accorgerci il tempo era volato e non trovandoci al posto di
lavoro se fosse passato il camion a riprenderci senza trovarci,
chissà cosa avrebbero pensato. Così abbiamo salutato le due donne col proposito di tornare, ma non fu così. La sera stessa difatti i
tedeschi ci comunicarono che il giorno dopo saremmo ripartiti.

Il mattino di quel giorno però vi fu un'incursione aerea, erano
decine e decine di bombardieri che volavano sopra le nostre teste,
contornati dai fragori e dai bagliori di fuoco e fumo che solo len-

tamente dopo gli scoppi riuscivano a disperdersi, della contraerea intenta a cacciarli. Tra gli aerei ve n'era uno che non riusciva a mantenere la formazione rimanendo sempre più distaccato dagli altri, a un certo punto notammo l'apertura degli sportelli e prima una, poi due, tre e così via sganciò le sue bombe, fino a che alleggerito del carico riuscì a tornare in formazione. Si mormorava che andassero a bombardare Breslau.

Il fatto molto drammatico e che quelle bombe colpirono una scuola uccidendo un'ottantina di bambini. Fu un avvenimento che oscurò le menti di tutti. Alcuni tedeschi e italiani con un camion e degli attrezzi che avevamo: pale, picconi e altro si recarono sul posto che distava una ventina di chilometri. Ritornando la sera non aprirono bocca, dissero solo: «Ragazzi che disastro». Una bomba aveva centrato in pieno l'edificio e la cantina dove bambini e insegnati avevano trovato rifugio. L'ordigno era penetrato facendo una buca enorme e spazzando via tutto ciò che attorno a una trentina di metri aveva trovato. Era finita proprio nel rifugio della scuola e non era sicuramente l'obiettivo dell'aereo, ma costretto a scaricare il peso in eccesso per poter proseguire, sfortunatamente ha colpito proprio una scuola dove vi erano bambini dai sei agli undici anni, cosa si può pensare di tutto ciò? Certi fatti non distruggono solo persone e cose ma anche la ragione finisce spesso per frantumarsi, non è facile poi radunarne i cocci, rimetterli al proprio posto, lo scompenso può avere conseguenze indescrivibili.

Il giorno dopo com'era previsto si partì, c'era però un cambio di programma, non si andava più con i camion. Con i nostri bagagli eravamo circa una ventina accompagnati da due tedeschi che ci condussero alla stazione di *Cosel*. Lì salimmo su un treno zeppo di passeggeri senza sapere dove fossimo diretti. Dopo aver viaggiato qualche ora tutto ad un tratto ci dissero di scendere, allora cercai di prendere il mio zaino che avevo sistemato sul porta bagagli, lo strattonai un po' ma senza riuscire ad estrarlo, un gancio si era impigliato nella rete. Il tedesco che ci accompagnava vedendomi ritardare nel scendere si mise a sbraitare, ma quello zaino con tutte le mie cose non potevo lasciarlo andare senza di me. Il treno a quel punto si era messo in movimento e dopo che aveva percorso una cinquantina di metri, riuscii finalmente a sganciarlo. Allora corsi alla porta del vagone, tentai d'aprirla ma una ragazza che fungeva da capo treno me lo impediva. Il treno nel frattempo aveva preso velocità ed era divenuto assai pericoloso saltar giù, ma io non potevo rimanervi. Riuscii a svincolarmi da quella donna, aprii la porta e con lo zaino di fronte cercando di ripararmi il viso e il resto mi buttai.

M'è andata bene, rotolai con gli occhi chiusi in una scarpata e quando li aprii mi accorsi che ero poco distante da un ponte di ferro. Se avessi atteso anche solo un secondo avrei finito per sbatterci, e chissà come sarebbe finita, ma grazie a Dio potevo dire d'essermela cavata. Dopo aver raggiunto i miei compagni, Luigi che era tutto felice di rivedermi mi disse: «*Forti, la tendada bë*».

Il freddo invece continuava a essere pungente, ma noi grazie anche alla nostra gioventù quasi nemmeno ce ne accorgevamo, quello che più ci frullava in teste era sempre riuscire a trovare qualcosa da mangiare. Sempre accompagnati dai nostri guardiani ci incamminammo su una strada ripida, lunga e ghiacciata, con poche case attorno, zaino in spalle e tutto il resto. Eravamo piuttosto appesantiti da quei fardelli. Facevamo un passo in avanti ma ne scivolavamo mezzo in dietro, senza riuscire ad avanzare granché. Allora io e Luigi pensammo di spiegare ai due tedeschi che così non ce l'avremmo fatta a proseguire su quella salita. Incominciò la discussione per tentare di fargli capire che era meglio andare a procurarci un mezzo per caricare almeno gli zaini. Avuto il consenso io e il mio amico ritornammo sui nostri passi dove avevamo scorto una casa colonica con due cavalli, era partita da lì difatti la nostra idea di cercare un mezzo di trasporto. Raggiunto il luogo anche qui non trovammo alcun uomo ma solo una giovane donna alla quale, dopo esserci presentati, spiegammo il nostro problema. Credo che le donne abbiano un dono di natura per riuscire a comprendere le situazioni con più facilità degli uomini.

Attaccato un cavallo a un carretto con quattro ruote raggiungemmo il luogo dove avevamo convenuto di ritrovarci, ma là non c'era più nessuno. C'erano solo i nostri due zaini per terra e la lunga strada che al tramonto di una giornata limpida appariva completamente deserta. Ai lati vi erano poi diversi alberi carichi di mele attorniate da un andirivieni di grossi uccelli, questi si posavano sui rami per beccare qualche frutto completamente ghiacciato che pareva persino caramellato. Eravamo piuttosto imbarazzati con la *fräulein* (signorina) e cercammo di farle comprendere che eravamo veramente dispiaciuti di non aver ritrovato i nostri compagni. In più non sapevamo nemmeno quale fosse la nostra destinazione, allora ci congedammo da lei con un *vielen Dank*, (molte grazie), inoltre le dicemmo che tanta gentilezza era veramente difficile da trovare. Noi invece quella dote avevamo avuto la fortuna e il piacere d'incontrarla su quella lunga strada ghiacciata, assieme ai tanti alberi di mele e ai corvi che compivano quella strana danza surreale.

Senza sapere dove fossimo rimettiamo i nostri zaini e già al buio e senza risparmiare la fatica raggiungiamo una casa di contadini. Avevamo un espediente per cercare di farci accogliere dalle genti del luogo, si trattava di un nastrino tricolore con una stelletta a cinque punte, e quando vi era come in questi casi da chiedere qualcosa, l'appuntavamo sul bavero. Messo bene in evidenza il nostro distintivo ci presentavamo dicendo: «*Italienisch*».

Non sapevamo mai se ci avrebbero accolti con benevolenza o con un calcio nel sedere, questa rimaneva un'incognita che rodeva sempre dentro, però sapevamo che l'Italia, e non per forza anche gli italiani, continuava a essere una specie di sogno per quelle genti, la ritenevano *schön*, cioè bella. A fianco della porta vi era un campanello a corda e titubanti diamo uno strappo: *tin, tin, tin;* dentro si sentiva un fruscio, come una scopa che spazzava il pavimento, poi un catenaccio si aprì. Era ormai notte, un uomo anziano ci apparse chiedendoci cosa volevamo. Con ampi gesti e qualche parola in tedesco e altre in bergamasco comunque ci comprese. C'invitò a entrare e dopo un piccolo corridoio in pendenza la porta si aprì sulla cucina; qui alcune donne erano intente a fare qualche cosa che al momento non capiamo, alla fine l'uomo ci presenta: «*Italienisch*», e quelle rispondono: «*sitzen*», sedetevi.

Ci mostrano un piccolo divanetto con sopra dei cuscini molto ricamati e con tanto pizzo attorno. *Öl Luigi èl me fa*: «*Arda Fortì che bël*». Lui non parlava molto e il suo gesto preferito per rimarcare che qualcosa gli piaceva era di mettersi la mano alla bocca con le dita chiuse, come quando si ha una penna da scrivere. Ci prepararono un tè e i soliti pasticcini spruzzati di semi neri che capiremo solo poi essere di papavero. Col freddo che faceva andavano benissimo. Cercammo d'intavolare una conversazione che come al solito finì sull'Italia e sulla musica, e nel mezzo di questa ci accordammo per fermarci da loro a dormire. Avevo avuto la sensazione che fossero un po' euforici e riconsiderando ciò che avevo visto e intuito, il motivo lo compresi solo dopo: stavano tagliando e cospargendo con sale e aromi dei pezzi di carne di maiale per farne dei *wuster*. Con in mano una lanterna dalla quale da alcune fessure sfuggiva solo una luce fioca l'anziano signore ci fece cenno di seguirlo. Di notte senza la luna l'oscurità era totale. Si senti starnazzare delle oche e delle galline poi qualche brusco movimento: erano mucche. Alla fine ci mostrò un fienile sotto un portico con della paglia e con la sua lanterna in mano se ne andò. Quando i nostri occhi dopo un po' di fatica iniziarono a vedere qualcosa nel buio prendemmo dallo zaino i due teli che utilizzavamo di solito per prepararci un pagliericcio, quindi ancora vestiti e levando solo le scarpe ci distendemmo. Luigi allora mi sussurrò: «*To ëst a meter en boca i biscottini du a du... e scoreza mia"*. Mi diceva così perché di solito era lui che lo faceva.

Svegliandoci il mattino seguente quando l'alba non era ancora sorta notammo che sull'orlo della coperta dove fuoriusciva il fiato si era formata una spessa linea di ghiaccio. Recuperati i teli e la coperta ci preparammo a rimetterci in cammino, fu allora che sentimmo i passi e vedemmo la signora che ci aveva accolto la sera prima la quale ci chiese se volevamo un caffè. Saliti in cucina ci versò due tazze di caffè di cicoria e ci diede pure due belle fette di pane. Cercammo di ringraziarla: «*Dank, dank e guten Tag*» e prima di uscire ci allungò un pacchetto in cui era avvolto un pezzo di speck.

Ritrovata quella via lunga e diritta della sera prima c'incamminammo senza saper bene dove andare. Dopo essere avanzati per circa un'ora nell'assoluto deserto fatto di ghiaccio ed alberi di mele surgelate, a un tratto in fondo a quella lunga strada qualcuno ci fischiò. Era un agente di polizia che finì per condurci presso una nuova compagnia costituita sempre da italiani che facevano il nostro stesso lavoro.

Il tedesco che là aveva il comando si mise però in testa che volevamo scappare, pertanto ci richiuse in una cantina e il giorno seguente ci fece rasare. Erano i primi giorni del 45 e tutto sommato la sorte non ci fu solo avversa. Difatti nel primo pomeriggio di quello stesso giorno giunse dove ci trovavamo uno dei due tedeschi della nostra compagnia, il quale litigò un po' con chi ci aveva fatto rasare e con un cavallo e un carretto ci riportò via con lui. La sera sul tardi eravamo tornati nel nostro vecchio gruppo, qui potemmo arrabbiarci con i nostri connazionali che lasciando i nostri zaini sul selciato se n'erano andati.

Avvicinandosi ai confini della Germania tra la fine dell'anno e i primi di gennaio anche il fronte russo si muove. Sulle strade fredde si era intensificato il transito dei profughi che con i loro carri cercavano di sfuggire all'avvicinarsi del fronte. C'è molta paura, tutti temono i soldati russi.

Il nostro gruppo con tutti i suoi camion è caricato su una tradotta e partiamo per l'interno. Le città sono un ammasso di rovine, le stazioni ferroviarie non so come facciano ancora a funzionare, i bombardamenti sempre più frequenti e intensi. Noi sui carri ferroviari siamo obiettivi privilegiati per le mitragliatrici dei caccia. Quando ci troviamo durante le prime ore del pomeriggio nei pressi di Hamburg, uno storno di apparecchi inizia a farci la ronda. Il treno si arresta e gli aerei vengono giù in picchiata. Per fortuna non siamo noi l'obiettivo bensì le tradotte che si trovano nei pressi della grande stazione. Si vedono i vagoni volare in aria come foglie al vento. Un aereo che si era abbassato troppo è investito dallo scoppio delle munizioni trasportate dai carri, precipita con la coda risucchiata dallo scoppio. Altri aerei ci sorvolano scaricandoci qualche mitragliata, ma senza far danni.

Passata tutta quella furia devastatrice ci avvicinammo ai carri merci, in uno di questi che risultò essere carico prelevammo un sacco di carote secche. Era la sola risorsa che avevamo da metter sotto i denti. In mezzo a tante città non si vedeva altro che deserto di rovine. Kiel era il nostro capolinea, la città dove si rifugiavano gli U-Boot e nella quale in una *gasthaus* prendemmo alloggio. La notte la città era sempre sorvolata dagli aerei della Royal army e l'ultima che vi passammo ci bombardarono con i "fiocchi", riversandoci addosso napalm e fosforo. Ovunque guardavi erano fiamme e fuoco. Fortunatamente ci trovavamo in una palude dove estraevano la torba e, nonostante fosse buio pesto, con quel fuoco si poteva intravvedere dove poter fuggire. C'erano delle grandi buche piene d'acqua e se vi cadevi dentro, avresti potuto facilmente annegare, non c'era nessuno che ti avrebbe potuto aiutare a uscire. Così il destino si stava giocando nella tragicità di poter finire bruciato o annegato, a essere sinceri nessuna delle due era una gran bella prospettiva, tuttavia non era ancora quella la sorte che ci attendeva.

Nel giungere l'alba ritrovai Luigi, eravamo scappati assieme. Durante la notte ci eravamo chiamati più volte, ma oltre il rumore degli aerei e il frastuono delle bombe non si riusciva a intendere nient'altro. Eravamo fradici ma illesi. Io non avendo visto un reticolato avevo solo una piccola ferita all'occhio sinistro. Stavo in mutande, quelle lunghe, e nonostante fossi tutto bagnato non sentivo freddo. Eravamo ormai a maggio e il brillare del ghiaccio s'intravedeva ancora qui e là. Non eravamo riusciti a prendere nulla delle nostre cose e tra le pozzanghere di quella brughiera, costellata di canneti e mucchi di torba, avevamo corso completamente allo sbando. In lontananza si sentiva ancora qualche sparo, erano giorni che aspettavamo la fine delle ostilità. Le poche notizie che avevamo avuto riguardavano Hitler; all'inizio si diceva che si fosse suicidato, poi che fosse stato vittima di un attentato, in ogni caso di tedeschi a farci la guardia non ne avevamo più! Nel bel mezzo di quella brughiera eravamo ormai liberi.

Ci trovavamo in una zona di boschi d'abeti e non troppo lontano dal confine con la Danimarca, tuttavia la nostra meta non era quel paese, noi pensavamo come sempre di ritornare a casa, era quello l'unico desiderio che non ci lasciava mai.

Istintivamente c'incamminammo verso un bosco in cui tra gli abeti s'intravedevano dei gruppi di case. Strada facendo ci ritroviamo però nei pressi di una linea ferroviaria, al ché decidiamo di seguirla con la speranza di trovare prima o poi una stazione. Proseguendo lunga la linea ferroviaria notammo che ogni tanto vi erano dei mucchi di cenere ancora calda tra le rotaie. Il treno doveva passare di frequente e continuando a camminare quella cenere ammucchiata la trovavamo sovente. A un certo punto sentimmo degli aerei sorvolarci e nuovamente il timore ad assalirci. Avevamo sentito che la guerra era finita, ma non ne avevamo la certezza. Finalmente in una piccola stazione che pareva deserta un uomo in bicicletta ci si avvicinò. Un po' titubanti anche perché eravamo sempre in mutande e con il nostro solito tedesco stentato gli chiedemmo dove eravamo. Quello sembrò capirci, almeno a noi era parso così, e la prima cosa che dice è: «*Ich polnisch*» (io polacco).

Entriamo così un po' in confidenza, forse anche perché non era tedesco, del resto con quello che avevamo dovuto subire non è che potevamo avere troppa fiducia di quelli. C'informa così che la guerra stava per finire e che Hitler e i suoi generali si erano arresi ai russi, a giorni avrebbero firmato la resa. Tutto questo avvenne nei primi giorni di maggio del 1945.

Con l'aiuto del polacco trovammo dei carri. Ci disse che lui abitava in quella stazione e che con altri suoi connazionali era di servizio sulla linea ferroviaria che da Kiel conduceva ad Amburgo. Nei carri c'erano diverse cianfrusaglie lasciate da chi come noi aveva molta fretta di tornare a casa. Trovammo degli indumenti, in particolare dei calzoni, va beh, eravamo in mutande, ma erano comunque lunghe!

Proseguendo sulla ferrovia ogni tanto ci fermavamo a fare un fuoco. C'eravamo asciugati con quei mucchi di cenere calda e dentro ogni tanto ci mettevamo pure delle lumache che sui lati dei binari non mancavano. Anche la provvidenza, come la manna nel deserto, non ci era venuta meno. A un certo punto giungemmo in una radura dove i tedeschi avevano lasciato i loro armamenti e tutto il materiale per le riparazioni.

I fucili li avevano messi per terra e con un cingolato gli erano passati sopra tranciandoli a metà. Sul prato erano state abbandonate varie casse piene di utensili, mentre sui carri vi erano torni, frese, trapani, un'officina completa, però niente da mangiare, solo alcune scatole di sale che abbiamo felicemente impiegato per le lumache.

Infilavamo quelle in quei famosi mucchi di cenere che il trenino a vapore lasciava ogni tanto cadere dal suo setaccio nel bel mezzo del binario. Certo quelle povere bestiole non saranno state troppo allegre, ma la fame non concedeva sensibilità animaliste; l'unica cosa che in certi casi si può affermare è: *mors tua vita mea!* Dopo aver rovistato per mezza giornata tutti i mezzi che avevamo trovato in quel posto, decidemmo di proseguire fino al tramonto lungo la linea ferroviaria.

Ad un tratto però sentiamo degli spari, eravamo quasi allo scoperto e attorno a noi c'erano poche piante, qualche colpo ci cade vicino e allora ci buttiamo a terra temendo d'esserne il bersaglio. Cadono dei rami, poi il silenzio. Allora ci alziamo e a passo sostenuto ci dirigiamo dove la vegetazione era più fitta. Là giunti racimoliamo un po' d'arbusti per fare un giaciglio e passarci la notte, era il 3 maggio, il dì di Santa Croce.

Eravamo stanchi e avevamo un po' di tremarella perché ci si poteva aspettare sempre di tutto e ogni passo poteva essere sempre quello fatale! Senza mai capire dove ci trovavamo e senza mai sapere se quella dannata guerra fosse veramente finita, anche perché gli aerei continuavano a sorvolarci e gli spari a non cessare, finito il giaciglio e ormai distesi Luigi che aveva sempre la battuta pronta mi sussurrò: «*Fortì, strënsem mia trop*»; e nonostante tutto, anche quella sera, ci addormentammo.

Faceva piuttosto freddo tuttavia l'alba ci apparve bella limpida e allora fiduciosi continuammo il nostro cammino. Passo dopo passo ci rendemmo conto che la linea ferroviaria si stava avvicinando sempre più a una strada deserta, dopodiché udimmo un rumore proveniente da dietro le nostre spalle, piuttosto sordo, non di aereo. Quelli là di rumori invece ti facevano sempre rabbrividire, e forse non è nemmeno troppo difficile spiegarne il perché: ciò che li producevano ti sventagliavano sempre addosso qualche proiettile!

In fondo alla strada notammo la sagoma di un veicolo color cannella, al volante vi era un uomo tanto nero che pareva lucidato col Brill. Rideva e cantava, stava guidando con i piedi, pensiamo subito a un americano ubriaco, o almeno molto allegro. Nel vederci si abbassa e toglie dall'acceleratore un pezzo di legno che gli serviva per mantenerlo premuto, si arresta e ci grida: «*Come, come!*» Titubanti andiamo verso quello strano "carretto", era la prima volta che vedevamo una *jeep*. Ci chiede di salire con lui, sposta la pistola automatica dal sedile anteriore e sempre ridendo c'indica dove prendere posto.

Si parte e appena preso un po' di velocità rimette il legno sul pedale dell'acceleratore, poi si sdraia all'indietro e allunga nuovamente i piedi sul volante. «È la volta buona che ci lasciavamo la pelle per davvero» dissi a Luigi, ma per fortuna la gita in *jeep* non durò a lungo.

Arrivammo in fine presso un campo sportivo dove si trovavano tende, carri armati, soldati americani, mucchi di vestiti, coperte, zaini, borse, un po' di tutto. In una tenda il nostro conducente ci lanciò un pacchetto di *Chesterfield*, ci diede un pane bianco rettangolare e una scatola di carne. Ci fece poi capire di andare a rovistare nel mucchio d'abiti per prendere quello che ci serviva.

Abbiamo poi saputo che nei giorni in cui eravamo in viaggio gli alleati: americani, inglesi, francesi e polacchi avevano lasciato carta bianca a tutti i prigionieri che erano arrivati fino ad Amburgo di accaparrarsi in città quello che volevano. I tanti russi, francesi, polacchi e italiani avevano perciò saccheggiato le poche case che ancora erano in piedi e preso tutto quello che riuscivano a portarsi via.

La città di Amburgo era un'unica maceria e fin dove lo sguardo poteva giungere s'intravvedevano solo rovine. Stranamente una sola strada si era salvata: la strasse St. Pauli, dove certe "belle donne" si esibivano in vetrina e ve n'era per tutti i gusti. Neanche una sola scheggia era giunta da quelle parti, inoltre due grandi cartelli in diverse lingue vietavano l'ingresso ai militari. Era una cittadina intatta nel bel mezzo di una metropoli devastata.

Il saccheggio, particolarmente dei generi alimentari, era stato totale e in giro non c'era più modo di trovare un pezzo di pane. Era stato allestito un campo di raduno dove erano pervenuti molti IMI (italiani militari internati), i quali avevano arruffato di tutto e sotto il cuscino avevano fatto scorte di pane, scatolette, ma non c'era nulla da fare: neanche una briciola dividevano con te!

Disposto sulla foce del fiume Elbe Amburgo funge da porto di mare, lì erano giunte centinaia d'imbarcazioni americane, non vere e proprie navi, piuttosto dei gusci a motore composti da un'unica stiva piena zeppa di materiali bellici e di sussistenza. Scaricavano cannoni, carri armati, camion, *jeep*, cingolati, parevano come imburrati dal tanto grasso che li ricopriva. Mi domando come avevamo potuto pensare di dichiarare una guerra all'America.

Eravamo liberi di muoverci e qualche tram già circolava sia nel centro città sia nella zona del porto, dove si svolgeva un enorme mercato di qualsiasi cosa. Dall'America erano arrivate le calze di nylon e ogni altra sorta di ben di dio, il mercato nero si era sviluppato fiorente, il solo problema è che per poterci fare qualche affare bisognava possedere dei marchi o almeno qualcosa di valore da barattare. Verso il giardino zoologico d'Amburgo si erano poi creati dei gruppi di sbandati, cioè gente e soldati internati che si aggregavano secondo la loro nazionalità. Erano sempre sotto la sorveglianza d'inglesi o americani che gli fornivano anche un po' di viveri e qualche sigaretta.

Dopo aver toccato lo zenit del sentirci finalmente liberi, giunse però il momento del renderci conto di non avere più nulla da mangiare. Erano giorni euforici ma allo stesso tempo anche bui, un'ondata di uomini erano confluiti tutti nel medesimo posto ai confini con la Danimarca. Inizialmente vi era forse stato l'ordine di ritirata verso quel paese, ma alla fine quei fanatici hanno capito che per loro era davvero finita, e così si salvi chi può.

Nessuno voleva però prendersi la responsabilità d'organizzare il rimpatrio di tutta quella gente. Competeva ai tedeschi oppure agli americani o agli inglesi? Dopo diversi scontri tra povera gente che voleva solo tornare a casa, il comando americano e la Croce Rossa decisero d'incaricarsi dei vari gruppi, chiedendo le generalità e cercando d'offrire un minimo d'inquadramento.

Figura 19   Davanti Corbelli e Lino, dietro Sniussi Umberto, Luigi e Capelli

Giardino zoologico, Hamburg 30 maggio 1945

Figura 20   Luigi Agnelli e Lino, *lager* 408, Hamburg - Othmarshen 1945

In quei due mesi che passai ad Amburgo ci trovavamo nella scuola di un campo di concentramento che aveva ospitato molti russi e polacchi. Gli inglesi sbarcati per primi avevano formato il comando del campo che ospitava sia i prigionieri militari che i civili allo sbando. Nella scuola io e Luigi avevamo fatto il "nostro nido". Avevamo trovato una vecchia macchina da cucire Singer ed io che avevo vissuto con mio padre che faceva il sarto mi son messo a confezionare qualche giubbetto. Il primo è stato per Luigi, ho anche una foto in cui lo indossa e lo ricavai da un pezzo di coperta di color cenere, lui ne andava molto fiero. Luigi mi portava poi i clienti, spesso inglesi, per fare delle riparazioni a calzoni, giubbotti e quant'altro. Con quei soldi ci comperavamo zucchero, sigarette, caffè, insomma tutto quello che ci occorreva. A confronto di prima sono stati due mesi da veri pascià!

Però come accennavo innanzi erano iniziate anche le liti tra vari gruppi, specialmente tra italiani e francesi. Quest'ultimi sostenevano di aver vinto la guerra e che spettava a loro salire sui mezzi pubblici prima di noi. «*Nous avons gagné la guerre*» dicevano, e via a cercare di buttarci giù dai tram con qualche calcio. Le liti poi si sono sempre più diffuse e l'ambiente era divenuto molto teso. Noi per questo non siamo più usciti dal campo, era troppo pericoloso.

Ad un certo punto veniamo a conoscenza che una commissione inviata dall'opera pontificia si sarebbe occupata di riportare gli italiani in patria. Passata una settimana e scortati da una decina di MP (Military Police USA), siamo messi in fila e fatti salire su un treno composto da carri bestiame; ma andavano benissimo anche quelli: finalmente si tornava a casa!

L'euforia della partenza era molta mentre l'andatura del treno si dimostrò simile a quella di una tartaruga, in più vi erano soste che duravano ore. Dietro al nostro carro ce n'era uno con dei bambini molto piccoli, pertanto quelle fermate così lunghe erano l'ideale per scendere a scaldare un po' di latte in polvere o raccogliere un po' di legna da mettere sul tetto del carro e averla a portata di mano alla prossima fermata.

Un ragazzone alto un metro e novanta che noi chiamavamo Balilla, mi pare fosse di Trento, durante il viaggio si dava molto da fare per preparare il latte caldo a quei piccoli, era lui che andava sul tetto del carro a prendere la legna per fare il fuoco. Un mattino in cui il treno stava fermo e tutti erano indaffarati per pulire, scaricare rifiuti o anche tagliare i fili di rame delle linee elettriche bombardate per farne delle fascine che avrebbero venduto (il filo era molto grosso, credo sui 10 - 12 mm), il Balilla era andato come al solito a prendere la legna sopra il treno, solo che per giungervi doveva saltare da un carro all'altro. Salta ma un rumore elettrico e una fiammata si sprigionano. Aveva sfiorato o toccato con la testa i fili elettrici e una scarica da 15.000 volt l'aveva fulminato. Tutto il lato sinistro del corpo partendo dal piede che per primo nel salto aveva toccato l'altro carro, era bruciato. Non era morto ma la ferita appariva molto grave. Non so poi come gli sia andata, povero ragazzo.

La tradotta prosegue, sono circa una ventina di carri, si passa in molte città, tutt'attorno ammassi di macerie. Qualche volta si arriva dove la linea ferroviaria non è ancora agibile, si torna indietro e si cerca un'altra via. In una di queste manovre dobbiamo passare su un binario che entra nel territorio occupato dai russi. Non so se avessero degli accordi o qualche permesso per farlo, sta di fatto che alla prima fermata in territorio occupato dai soldati con la stella rossa questi ci fanno scendere. Gli americani protestano ma quelli non mollano, vogliono ispezionare la tradotta. Quando tutti sono a terra salgono in tre o quattro per ogni carro e tutto quello che trovano di loro gradimento lo buttano fuori e se lo portano via, comprese le famose fascine di filo di rame. Questo sarebbe il meno peggio, perché il loro obiettivo è di accaparrarsi il convoglio intero, cosicché fanno capire agli americani di tornarsene pure indietro che quello lo avrebbero preso in custodia loro. Il capitano americano inizia però a gridare a più non posso, sostenendo che è lui il responsabile della tradotta, raduna i suoi militari e con i mitra spianati in assetto di guerra affronta i soldati russi. La scaramuccia con le armi in pugno da entrambe le parti dura un paio d'ore. Non so come quell'ufficiale abbia fatto a cavarci da quel guaio, sta di fatto che ci fanno risalire e sempre sotto il comando degli americani la tradotta si rimette in moto.

La fermata dopo si venne a sapere quello che volevano i soldati dell'armata rossa: deviare il treno e instradarlo verso l'Unione Sovietica; si diceva che già diverse tradotte avevano preso quella direzione e non si sapeva dov'erano realmente finite, ma il peggio è che in diversi casi nemmeno lo si saprà più!

Il viaggio continuò e non so quanti giorni impiegammo per arrivare a Innsbruck. Lì ci fermammo una notte e il giorno dopo una nuova tradotta, sempre di carri bestiame, ci condusse a Bolzano. Nella stazione di questa città ci fecero scendere per poterci rassettare un po' e ci offrirono pure tante buonissime mele. Girando per la stazione trovammo poi affissi i manifesti elettorali con le liste di chi in Italia si era candidato a governarci. Nella nostra ignoranza in merito ad elezioni democratiche che ancora non conoscevamo, notammo che il futuro della Nazione non si prefigurava nel miglior dei modi. Su quei manifesti stava scritto: candidato "X", 30 anni di prigione; candidato "Y", 20 di confino; candidato "Z", 15 anni di prigione... insomma, a conti fatti nell'insieme erano circa 200 anni di condanna: andavamo bene! Questi non sarebbero mai venuti a prenderci, pensavamo, erano troppo indaffarati ad accaparrarsi le "poltrone" rimaste vuote!

Arrivammo infine a Pescantina dove si trovava il centro di raccolta di prigionieri, internati, ecc. Lì si trovava un signore alto con un nasone alla Bergerac, portava un bastone in mano e in cima aveva inchiodato un cartello con scritto: «*BERGHEM, a mez dè polenta e cunëc* (Bergamo, a mezzogiorno polenta e coniglio)».

Il frate missionario che aveva il compito di organizzare il rientro alle nostre case era del mio paese, il giovane padre Valentino, che seppur tale aveva già la barba e di cognome faceva Bortolotti. Io quel giorno non l'ho vidi perché forse era impegnato in qualche altra missione, ma comunque mi dissero che di solito si trovava là.

Il giorno dopo su una corriera ci muoviamo per Bergamo. A Palazzolo fa sosta, scendo e mi dirigo alla stazione a prendere il treno che in quel tempo andava a Paratico. In quei giorni però non tutto funzionava ancora a meraviglia, tuttavia presso quella stazione un certo Tengattini che faceva il ferroviere mi lascia salire su un treno merci diretto dalle mie parti.

Da quel momento al mio entrare in casa sarà allora solo questione di poco, quando la prima cosa che farò sarà: *patapunfete!* Caduto nel mio letto sulle sponde del lago d'Iseo, ancora immacolato, come quando l'avevo lasciato.

Epilogo

Guardando verso il cielo nelle notti limpide che trascorro solitario con tutto il creato che mi osserva, penso a com'erano più felici, anche senza tutte le nostre tecnologie, le generazioni dei tempi passati. Sì certo, non tutti nella loro povertà materiale riuscivano a essere consapevoli di quanta ricchezza spirituale possedevano, tuttavia erano circondati da una natura selvaggia e pura, come appena uscita dalle mani del Creatore.

Il vero problema dell'uomo, in fondo, è lui stesso; in particolare il suo essere perennemente in contrasto con le cose semplici.

Questo essere creato divinamente vive la condizione di trovarsi a metà strada tra il bene e il male, pertanto grazie alla sua libertà di scelta può innalzarsi fino al cospetto della vetta lucente del bene o affondare nel cupo abisso del male; ed è proprio ciò a distinguere l'uomo da tutta la natura che lo circonda.

Le risposte dell'uomo al senso della sua vita possono perciò essere innumerevoli, colte, complesse, ingegnose, ma se non c'è la bontà d'animo, la semplicità, l'amore, l'altruismo, non vi sarà mai un bene che possa accomunarci.

Indice

Dedico questo libro alla classe del 1925, che si è incastrata tra due correnti: si va di qua o di là?

Chi ha saltato il fosso tra il 43 e il 45, se catturato e dichiarato disertore, veniva fucilato, mentre chi non ha avuto il coraggio è stato deportato e costretto ad ogni sorta di umiliazione.

Ciao Ragazzi un giorno ci troveremo? lo spero!!! aspettatemi.

> ARTIGLIERI: *l'azzurro che unisce non quello che abbatte*
>
> Monterisi Giovanni, Rodi, *olandesina*
>
> Solzi Paolo, Brescia, *l'amico che ha sostenuto i corpi senza vita sul camion*
>
> Erasmo, Roma, *a Lino: aspettami!!!*
>
> Aldo, Roma, *e chi te conosce*
>
> Luigi Agnelli, Bergamo, *sognatore di pagnotte*
>
> Corbelli, Bergamo, *spacco tutto*
>
> Sniussi, Brescia, *calma... pensaci*
>
> Franzoni, Bergamo, *le palanche*
>
> Zamboni, Mantova, *artigliere che le notti conosci*
>
> Benati, Mantova, *go visto l'oco far l'ovo*
>
> Il Cinese, *archeologo tombarolo*
>
> Pugnatin, Venezia, *mercante di oro*, e molti che si annebbiano e svaniscono nel pulviscolo del tempo
>
>
> *azzurro è il nostro cuore.*

Un pensiero a mio papà Attilio che mi attende nei pascoli siderali dove Orione con i suoi cani manovra i carri.

Ringrazio infine mio figlio Attilio e sua moglie Silvana per aver preso a cuore la realizzazione di questo libro.

www.temperino-rosso-edizioni.com

www.ingramcontent.com/pod-product-compliance
Lightning Source LLC
Chambersburg PA
CBHW052056090426
42739CB00010B/2207